Ute Steffens

Trennungskinder begleiten

in den ersten 10 Lebensjahren

HERDER

FREIBURG · BASEL · WIEN

MIX
Paper from
responsible sources
FSC® C010798

www.herder.de

Umschlagkonzeption und -gestaltung: Röser MEDIA GmbH & Co. KG, Karlsruhe
Umschlagmotiv: © Vincent Martinet
Fotos im Innenteil auf den Seiten 6: © PeopleImages – GettyImages,
10: © Imagesbybarbara – GettyImages, 18: © middelveld – GettyImages,
24: © Juanmonino – GettyImages, 32: © Halfpoint – GettyImages,
38: © Juanmonino – GettyImages, 47: © FatCamera – GettyImages,
60: © SeventyFour – GettyImages, 75: © photostorm – GettyImages,
84: © Courtney Hale – GettyImages

Satz: Röser MEDIA GmbH & Co. KG
Herstellung: Graspo CZ, Zlín
Printed in the Czech Republic

ISBN Print 978-3-451-39474-4
ISBN EBook (PDF) 978-3-451-83032-7
ISBN EBook (EPUB) 978-3-451-83034-1

Inhalt

Einleitung 5

1. Die besondere Bedeutung von Kita und Grundschule für Trennungskinder 6

1.1 Erziehung geschieht immer in Beziehung 7
1.2 Regelmäßigkeit und Zuverlässigkeit geben Sicherheit 8

2. Psychische Auswirkungen einer Elterntrennung: Die Seite der Kinder 10

2.1 Kindliche Symptome bei der Trennung der Eltern 12
2.2 Hintergründe zur Entwicklung, um Trennungskinder besser zu verstehen 15

3. Psychische Auswirkungen einer Trennung: Die Seite der Eltern 18

3.1 Die fünf Säulen der Identität 19
3.2 Phasen einer Elterntrennung 22
3.3 Die Dauer der Trennungskrise 22

4. Die besonderen Bedürfnisse von Trennungskindern 24

4.1 Kinder brauchen beide Eltern 25
4.2 Korrektur des spontanen Schuldimpulses 25
4.3 Kinder müssen sich selbst als im Wachsen und Werden begreifen 27
4.4 Kinder dürfen nicht in Loyalitätskonflikte geraten 28
4.5 Schutz vor Parentifizierung 29
4.6 Kinder brauchen authentische und verantwortungsvolle Kommunikation 30

5. Mit Trennungskindern achtsam sprechen 32

5.1 Niemals bohren! 33
5.2 Die vier Seiten einer Nachricht 33
5.3 Ich-Botschaften 34
5.4 Das aktive Zuhören 35

6. Trennungskinder im Krippenalter unterstützen 38

6.1 Das erste Lebensjahr 39
6.2 Pädagogische Angebote während des ersten Lebensjahres 41
6.3 Das zweite und dritte Lebensjahr 43
6.4 Pädagogische Angebote während des zweiten und dritten Lebensjahres 45
6.5 Wenn ein Elternteil fehlt 46

7. Der Umgang mit Trennungskindern im Kindergartenalter 47

7.1 Kinder von drei bis sechs Jahren 48
7.2 Die besondere Bedeutung einer Elterntrennung für Kindergartenkinder 51
7.3 Pädagogische Angebote für drei- bis sechsjährige Trennungskinder 54
7.4 Wenn ein Elternteil fehlt 59

8. Trennungskinder im Grundschulalter stärken 60

8.1 Kinder von sechs bis zehn Jahren 61
8.2 Trennungskinder in Hort und Grundschule 63
8.3 Pädagogische Intervention in Schule und Hort 68
8.4 Wenn ein Elternteil fehlt 73

9. Vertrauensvolle Erziehungspartnerschaft mit Trennungseltern 75

9.1 Elterntrennung – ein sensibles Thema für alle Beteiligten 77
9.2 Die besondere Erziehungspartnerschaft in der Krippe 79
9.3 Regelmäßigkeit und Zuverlässigkeit im Elternkontakt 80
9.4 Eine Infothek für Eltern einrichten 80
9.5 Themen-Elternabende gestalten 81
9.6 Vernetzungsangebote für (Trennungs-)Eltern 82

10. Im Blickpunkt: Das Elterngespräch 84

10.1 Verschiedene Arten von Gesprächen mit Trennungseltern 85
10.2 Ziele der Elterngespräche im Trennungsfall 92
10.3 Das Setting des Elterngesprächs 95
10.4 Geeignetes Handwerkszeug für das Gespräch 99

Schlusswort 110

Literatur 111

Einleitung

Die Fähigkeit von Kindern, sich selbst und ihre Umgebung realistisch wahrzunehmen, ist der Gradmesser für ihre seelische Gesundheit.

Inzwischen können wir davon ausgehen, dass nahezu jede zweite Familie einmal eine Trennung erlebt. Die Anzahl der Trennungskinder steigt, und das spüren auch pädagogische Fachkräfte in Krippe, Kita, Hort und Grundschule.

Um Kinder in dieser konflikthaften Zeit der Veränderung wirkungsvoll unterstützen zu können, benötigen Fachkräfte nicht nur entwicklungspsychologische Informationen über die besonderen Bedürfnisse und Konflikte von Trennungskindern, sie brauchen auch Kenntnisse über Gesetzmäßigkeiten der elterlichen Krise. Denn Erziehung geschieht immer in Beziehung. Das bedeutet, dass die familiäre Atmosphäre sowie der Umgang mit den Kindern durch die Trennung stark geprägt sind.

Aus diesem Grund widmen sich die ersten Kapitel dieses Buches nicht nur den besonderen entwicklungsbedingten Bedürfnissen und Konflikten von Trennungskindern, sondern auch der psychischen Ausnahmesituation der Eltern. Wir betrachten damit beide Seiten einer Medaille. Es braucht sowohl entwicklungspsychologische Kenntnisse über die altersabhängigen Bedürfnisse und entwicklungsbedingten Konflikte von Kindern als auch Informationen über typische Effekte einer Elterntrennung bei den Erwachsenen, denn die sind es, die sich auf die Beziehung und damit auf die Entwicklung von Kindern auswirken. Beides zusammen bildet die Grundlage für die fachliche Intervention im pädagogischen Alltag in Krippe, Kita, Hort und Grundschule, für die in den folgenden Kapiteln praxisnahe, fundierte Anregungen gegeben werden..

Nicht zuletzt beschäftigt sich das Buch dann mit Bedingungen und Anregungen für eine Erziehungspartnerschaft zum Wohle der Kinder im schwierigen Spannungsfeld einer Elterntrennung. Hier liegt der Schwerpunkt auf der Vorbereitung und Gestaltung von Gesprächen mit betroffenen Eltern.

1.

Die besondere Bedeutung von Kita und Grundschule für Trennungskinder

Krippen, Kitas, Horte und Grundschulen bieten Trennungskindern eine **unschätzbare Ressource** zur psychischen Stabilisierung. Eine Elterntrennung ist eine familiäre Veränderung mit dem Potenzial, Kinder zu verunsichern und zu überfordern. Wenn es uns gelingt, Trennungskinder bedürfnisorientiert durch diese akute, zeitlich begrenzte Verunsicherung zu begleiten, können wir die davon ausgehenden Gefahren abwenden und gleichzeitig die ihr innewohnenden **Chancen für eine gesunde kindliche Entwicklung** nutzen.

In Deutschland erlebt inzwischen nahezu jede zweite Familie einmal eine Trennung. Betroffen ist also auch die Hälfte aller Kinder unterschiedlichen Alters – Kinder, die keinerlei Verantwortung für die Situation tragen und dennoch von deren Auswirkungen existenziell betroffen sind. Schließlich verändert die Trennung der Eltern ihre Familie. Aus der Zwei-Eltern-Familie wird in den allermeisten Fällen eine Ein-Eltern-Familie. Ein Elternteil verlässt den bis dahin gemeinsamen Familienalltag. Die Beziehung zu beiden Eltern, die Kinder bis dahin als konstante Größe und als zusammengehörend in ihrem Familienalltag erlebt haben, verändert sich. Die Loyalität der Eltern untereinander kann zeitweise sogar in ein offenes Zerwürfnis umschlagen.

Nicht die Tatsache der Trennung selbst belastet Kinder und beeinträchtigt unter bestimmten Voraussetzungen ihre gesunde Entwicklung. Es ist die **temporäre Lebenskrise der Eltern,** die sich auf ihre emotionale Verfügbarkeit und ihr Verhalten ihren Kindern gegenüber auswirkt. Je nachdem, wann eine Trennung stattfindet, trifft dieses Ereignis auf entwicklungsbedingte Glaubenssätze, Möglichkeiten und Konflikte, die dafür verantwortlich sind, wie Kinder spontan mit dieser Krise umgehen. **Je nach Alter des Kindes bekommt eine Elterntrennung eine etwas andere Bedeutung.** Ein Jugendlicher in der Pubertät verarbeitet dieses Ereignis anders als ein Kindergartenkind.

1.1 Erziehung geschieht immer in Beziehung

Erziehung geschieht immer in Beziehung – das gilt sowohl für die Eltern und die Familie als auch für die Kita oder die Schule. Die Erwachsenen sind es, die Kinder in ihrer Entwicklung begleiten, sie fördern, fordern und ihnen Grenzen setzen. Sie geben den kindlichen Bedürfnissen Raum und sind Modelle, bieten Anreize, die in ihnen den Wunsch entfachen, selbst einmal groß und erwachsen zu sein.

Die 18. Shell-Studie kommt 2019 zu dem seit dem Jahr 2002 unveränderten Ergebnis, dass die Gründung einer Familie das wichtigste Ziel der befragten Jugendlichen ist. Kein Wunder also, dass eine Trennung eine massive Lebenskrise für die Betroffenen darstellt und von Gefühlen der Scham und des Scheiterns begleitet ist. Das ist das Paradoxe an Elterntrennungen: Obwohl beinahe jede zweite Familie einmal davon betroffen ist, fühlen sich die Erwachsenen als Außenseiter, als die, die es „nicht geschafft haben".

Zudem stellt eine Elterntrennung, also das Zerplatzen eines so wichtigen Lebensziels, aus psychologischer Sicht für die Einzelnen eine **massive Lebenskrise** dar. Obwohl angesichts der Häufigkeit von Elterntrennungen jeder und jede Betroffene mit Sicherheit andere Eltern kennt, die sich ebenfalls getrennt haben, fühlen sie sich als die Einzigen, die sich so schwer damit tun. Alle anderen scheinen diese gewaltige Veränderung quasi nebenbei, wie selbstverständlich zu bewältigen.

Betroffene Eltern fühlen sich dementsprechend häufig isoliert – und das in einer Zeit, in der sie stark gefordert, manchmal vielleicht sogar überfordert sind. In der Regel lieben Eltern ihre Kinder. Sie wollen gute Eltern sein. Der Soziologe Thomas Ziehe spricht schon 1980 von Kindern als dem sinngebenden Element für Eltern. Kinder sind ein wesentlicher Teil der elterlichen Identität. Und nun müssen sie ihre neue Identität als getrenntes Elternpaar schaffen. Anders als zum Beispiel bei jungen Erwachsenen ist es während der ersten zehn Lebensjahre der Kinder dazu unerlässlich, sich mit dem Ex-Partner bzw. der Ex-Partnerin zu verständigen. Die Erkenntnis, **über die Kinder miteinander verbunden** zu bleiben, ist eine **ungeheure Herausforderung** in einer Zeit, in der sich die Ex-Partner und Ex-Partnerinnen zeitweise kaum etwas mehr wünschen, als die jeweils anderen aus ihrem Leben zu verbannen.

All das wirkt sich zwangsläufig auf den Umgang mit den Kindern aus. Kinder fragen sich, was diese Veränderung für sie bedeutet. Häufig fühlen sie sich spontan schuldig. Sie sind ratlos, weil sie ihre Eltern emotional als weniger verfügbar und verunsichert in der Kommunikation erleben.

> Für Krippe, Kita, Hort und Schule ist eine Elterntrennung häufig eine große Herausforderung. Sie ist jedoch auch eine **Riesenchance für die Erziehungspartnerschaft.** Je besser diese Partnerschaft gelingt, umso größer ist auch die Chance für betroffene Kinder, die Trennung ihrer Eltern unbeschadet zu überstehen.

Pädagogische Fachkräfte können die Kinder stärken, mit den Eltern im Sinne der gesunden Entwicklung ihrer Kinder zusammenarbeiten und gegebenenfalls weiterführende, professionelle Hilfen empfehlen, wenn sie die Notwendigkeit dazu erkennen.

1.2 Regelmäßigkeit und Zuverlässigkeit geben Sicherheit

Mit ihrem bindungsorientierten Arbeiten, der systematischen Beobachtung, Elternarbeit und altersangemessenen Methoden der Entwicklungsförderung verfügen Fachkräfte über wertvolle Instrumente der pädagogischen Arbeit. Sie sind damit in der Lage, der phasenweise unvermeidlichen Verunsicherung von Trennungskindern die so dringend erforderliche **Erfahrung von Sicherheit und Stabilität** entgegenzusetzen. Damit verfügen pädagogische Einrichtungen nicht nur über Mittel zur Entwicklungsförderung, sondern auch zur **Förderung der Resilienz** betroffener Kinder.

> **Resilienz** ist die Fähigkeit, sich selbst in schwierigen und belastenden Situationen zu schützen.

Die Bedeutung der Kindertageseinrichtungen kann für Trennungskinder im Hinblick auf deren psychische Stabilisierung gar nicht hoch genug eingeschätzt werden! Schließlich sorgen sie in einer Phase tiefster Verunsicherung aufgrund von häuslichen Veränderungen durch gleichbleibende Strukturen, transparente Regeln und Grenzen für Sicherheit und bieten Kindern eine Orientierung.

Auch wenn die **Ursachen der kindlichen Verunsicherung** in der Familie liegen und die Zusammenarbeit mit den Eltern unerlässlich ist, muss jedoch grundsätzlich klar sein, dass die **Aufgabe der pädagogischen Fachkraft deutlich begrenzt auf das Wohl des Kindes** ist. Eine Erziehungspartnerschaft ist in diesem Zusammenhang natürlich besonders wichtig und wünschenswert, und doch sind pädagogische Fachkräfte weder Psychotherapeuten und -therapeutinnen, noch können sie es sich leisten, als moralische Instanz missverstanden zu werden, die Eltern in ihrer Kompetenz infrage stellen oder ihr Handeln verurteilen.

2.

Psychische Auswirkungen einer Elterntrennung: Die Seite der Kinder

Ich weiß nicht, wie oft ich in Beratungsgesprächen Trennungseltern begegnet bin, die fest davon überzeugt waren, dass ihre Kinder nichts von ihren elterlichen Problemen, Konflikten und Auseinandersetzungen mitbekommen – und wie erstaunt sie waren, wenn ich sie damit konfrontiert habe, dass selbst kleine Kinder es sehr wohl merken, wenn die Atmosphäre zwischen den Eltern angespannt ist. Kinder können vielleicht inhaltlich nicht genau folgen, aber sie haben sehr feine Antennen für die Stimmung in der Familie. Ich vergleiche das häufig mit der Situation in einer Familie, in der ein Elternteil lebensbedrohlich erkrankt ist. Selbst, wenn der gesunde Elternteil sich dann um einen besänftigenden und zuversichtlichen Ton im Umgang mit dem Kind bemüht, merkt es natürlich, dass etwas nicht stimmt. Es nimmt die unausgesprochene Angst und Sorge der Erwachsenen wahr und versucht, sich die Situation dann mit seinen alterstypischen Bordmitteln und Möglichkeiten zu erklären.

Besonders brisant wird das dann, wenn Eltern in bester Absicht versuchen, die Kinder von den Problemen fernzuhalten. Dies führt häufig zu **fatalen Missverständnissen,** denn Kinder, ja, selbst Jugendliche sind entwicklungsbedingt noch sehr egozentrisch, und das führt dann dazu, dass sie das Verhalten und die Geschehnisse auf sich beziehen. Wie wir noch sehen werden, geht das sogar so weit, dass sie sich spontan die **Schuld an der Trennung** geben. Sie vermuten, sie seien nicht brav genug oder zu anstrengend gewesen, sie hätten nicht aufgepasst, nicht vermittelt, und so die Konflikte zwischen den Eltern verstärkt, zur Trennung beigetragen.

Zum einen bestimmen entwicklungsbedingte Möglichkeiten, wie zum Beispiel der sich durch alle Altersstufen ziehende kindliche Egozentrismus, die kognitiven sowie die emotionalen Fähigkeiten, zum anderen die für die jeweilige Entwicklungsphase typischen Herausforderungen, die Themen und inneren Konflikte von Kindern.

Trennungskinder müssen sich mit der Veränderung ihrer Eltern und der gewohnten familiären Situation auseinandersetzen. Sie erleben ihre Eltern erschöpft, mit extremen Gefühlen, Ängsten und Konflikten. Das bis dahin gewohnte Familienklima verändert sich. Damit einher gehen räumliche Veränderungen, aus einer Zwei-Eltern-Familie wird eine Ein-Eltern-Familie und die Beziehungen zu beiden Eltern müssen neu definiert und gefestigt werden. Das, was vordem Kindern einen vertrauten, berechenbaren, stabilen Rahmen gab, bricht auseinander und formiert sich neu. Das **verunsichert** natürlich. Es fordert Kinder in ihrer Entwicklung, und der Schritt von einer erhöhten Anforderung hin zu einer Überforderung ist oft klein. Hält eine kindliche Überforderung über eine längere Zeit an, so ist es wieder nur ein kleiner Schritt, bis daraus möglicherweise ein **Entwicklungstrauma** erwächst.

Die vorübergehende Erschütterung der elterlichen Integrität äußert sich für die betroffenen Kinder darin, dass Eltern für sie zeitweise emotional nicht oder nicht im gewohnten Maße verfügbar sind. In der Kommunikation erleben sie ihre Eltern stark verunsichert, wenn es um ihre Verfassung oder ihre Gefühle dem anderen Elternteil gegenüber geht. Kinder beziehen diese Veränderung der häuslichen Atmosphäre auf sich. Sie fragen sich, wie sich die Beziehung zu den strittigen oder getrennten Eltern gestalten wird. „Was wird aus mir?“, „Muss ich mich zwischen Mama und Papa entscheiden?“, „Muss ich mich auf die ein oder andere Seite stellen und Partei ergreifen?", „Habe ich diese Konflikte ausgelöst, habe ich Schuld an der Situation?" sind **typische Ängste und Fragen** von Trennungskindern. Das alles zeugt von einer großen Verunsicherung.

Im Laufe seiner Entwicklung verändert sich die Bedeutung der Eltern in dem Maße, wie ein Kind an Selbstständigkeit hinzugewinnt. Jedes Kind wächst von einem hilflosen, völlig abhängigen Säugling zu einem jungen Erwachsenen heran, der zunehmend selbstständig und eigenverantwortlich handeln kann. Entsprechend verändern sich mit zunehmendem Alter eines Kindes auch die Auswirkungen einer Elterntrennung.

Kinder entwickeln sich im Kontext ihrer familiären Umgebung. Ihre wichtigsten Bezugspersonen sind in heterosexuellen Partnerschaften Mutter und Vater. Doch auch für alle anderen sexuellen Orientierungen gilt tendenziell die Wahrnehmung traditionell eher mütterlicher bzw. väterlicher Verhaltensweisen, die man vielleicht auch als „eher mütterliches" oder „väterliches Prinzip" bezeichnen könnte. Wenn ich im Folgenden von Mutter oder Vater spreche, meine ich daher alle Eltern, gleich welcher sexuellen Orientierung.

Eine Trennung liegt in der Verantwortung der Eltern, und beide haben gute Gründe für ihre Entscheidung. Oft ist es verantwortungsvoller, sich zu trennen, als des Kindes wegen als Paar zusammenzubleiben.

2.1 Kindliche Symptome bei der Trennung der Eltern

Die kindlichen Symptome, die auf eine Überforderung durch die Elterntrennung hinweisen, stehen im Zusammenhang mit den entwicklungsbedingten Möglichkeiten und Glaubenssätzen von Kindern, mit Loyalitätskonflikten und dem Bedürfnis nach einer Beziehung zu beiden Eltern. Wie wir noch sehen werden, sind kindliche Auffälligkeiten nicht nur vom Alter des Kindes, sondern auch von der **Phase im Trennungsprozess** abhängig. Wenn sich Kinder zum Beispiel von einem bis dahin beliebten Spielpartner zurückziehen, weil der häufiger „doofe Sachen" über andere sagt, dann könnte das auf einen Loyalitätskonflikt des Kindes hindeuten. Wenn ein Kind, das sich bislang unauffällig in das Zusammenspiel mit anderen Kindern eingefügt hat, plötzlich das Spiel dominieren, „bestimmen" will, dann kann das auf seine Auseinandersetzung mit dem „magischen Denken" und damit auf Schuldgefühle im Zusammenhang mit einer Elterntrennung hinweisen. Für pädagogische Fachkräfte bedeutsam sind zuallererst **auffällige Verhaltensänderungen** eines Kindes. In diesen Fällen sollten sie immer auch eine Elterntrennung als Erklärung in Erwägung ziehen. Konkretere Informationen dazu finden Sie in den Kapiteln über die Vorbereitung und Durchführung von Elterngesprächen.

Es gibt also nicht die Symptome im kindlichen Verhalten, unabhängig vom Alter, die sich eindeutig auf eine Elterntrennung zurückführen lassen. Wenn Kinder im Zusammenhang mit einer Elterntrennung auffällig werden, dann ist das **Ausdruck dessen, dass sie überfordert sind.**

Die psychische Überforderung eines Kindes kann sich auf vielfältige Weise ausdrücken. Es kann auf **Verhaltensweisen früherer Entwicklungsstufen** zurückfallen oder **Wesensveränderungen** zeigen. So kann ein Kind, das schon gut dazu in der Lage war, soziale Anpassungsleistungen zu erbringen, neuerdings dadurch auffallen, dass es sich über Regeln hinwegsetzt; und ein Kind, das sich bislang durch seine Lebhaftigkeit und seinen großen Bewegungsdrang ausgezeichnet hat, dadurch, dass es sich zurückzieht und wenig spricht.

In der Psychologie hat der Begriff der **Anpassung** eine andere Bedeutung als umgangssprachlich, wo oft auch der Aspekt der Unterordnung mitschwingt. Hier ist damit die Fähigkeit gemeint, seine Bedürfnisse und Gefühlsimpulse zugunsten des Zusammenlebens in der Gruppe zurückzustellen.

In der Regel sind es verschiedene Faktoren, deren Zusammenwirken zu einer kindlichen Verhaltensänderung beiträgt. Wenngleich bei einer Trennung die Ursachen im Zusammenspiel zwischen Eltern und kindlichen Entwicklungsthemen zu finden sind, dürfen wir den **ausgleichenden und stabilisierenden Einfluss pädagogischer Fachkräfte** hier nicht unterschätzen!

Vergleichen wir eine Elterntrennung mit der Entwicklungskrise, die besonders Erstgeborene bei der Geburt eines Geschwisterkindes durchmachen, so ist eine Elterntrennung ein wesentlich komplexeres Ereignis – sowohl aufseiten der Erwachsenen als auch aufseiten der Kinder. Hier **hat die Kita einen ganz wichtigen Platz.** Einen Platz, der Alltag, Stabilität und Sicherheit repräsentiert. Einen Platz, wo pädagogische Fachkräfte kompetent auf unterschiedliche, entwicklungsbedingte Voraussetzungen beim Kind eingehen und entwicklungsbedingte Missverständnisse aufklären können. Dazu ist es nötig, systematisch zu beobachten und zu dokumentieren. So können kindgerechte Strategien und Maßnahmen gefunden werden, die dem Kind in dieser Krise Halt geben. Pädagogische Einrichtungen können der temporären häuslichen Verunsicherung damit eine **Sicherheit entgegensetzen,** die von unschätzbarem Wert für die gesunde kindliche Entwicklung ist.

Wichtig für den pädagogischen Alltag ist es, Verhaltensänderungen bei Kindern mitzubekommen und zu hinterfragen, um gegebenenfalls auch eine Elterntrennung als mögliche Ursache in Betracht zu ziehen.

Im folgenden Beispiel stechen der pädagogischen Fachkraft die Parallelen in den Verhaltensweisen eines Kindes zu einer vorausgegangenen Krise direkt ins Auge:

Jonas, Erzieher im Kindergarten des fünfjährigen Yannik, berichtet:

„Yannik verhält sich wirklich haargenau so wie in den ersten Wochen nach der Geburt seines Brüderchens vor knapp zwei Jahren. Anstatt, wie wir ihn hier kennen, so oft und so lange es geht mit seinem Freund Fredy im Außengelände herumzustromern, mit Wasser, Matsch und Werkzeugen zu experimentieren, lungert er lustlos in der Vorlese-Ecke herum. Frage ich ihn, ob ich ihm etwas vorlesen soll oder ob er sich ein Buch anschauen möchte, so schüttelt er stumm den Kopf. Er hat den Daumen im Mund, die andere Hand am Ohr und hört unbeteiligt zu, wenn andere sich Bücher anschauen oder vorgelesen bekommen. Wenn Fredy sich zu ihm setzt und Spielvorschläge macht, schüttelt er nur den Kopf und wendet sich ab. Als ich Fredy letztens vorschlug, Yannik zu fragen, ob er nicht mit ihm rausgehen will, da schüttelte der missmutig den Kopf und sagte: 'Och nö, Yannik hat ja nie mehr Lust – bloß, weil sein doofer Papa ausgezogen ist.` "
Offensichtlich hat Yannik ein bestimmtes Verhalten, mit dem er auf Krisen reagiert. Er zieht sich zurück, ist in sich gekehrt und wehrt alles ab, was ihn auf andere Gedanken bringen könnte.

Ähnliches berichtet Nicole, eine Erzieherin in der Krippe, über die zweieinhalbjährige Anni:

„Anni ist mit einem guten Jahr zu uns in die Gruppe gekommen. Sie tat sich am Anfang etwas schwer, sich von ihren Eltern zu trennen. Wir haben das Eingewöhnungsprogramm wirklich über Wochen durchgezogen. Dann, eines Tages, kam sie ganz vergnügt an und sagte: ‚Tschüss Mama.' Sie wollte nicht einmal mehr am Fenster winken. Sie hatte es eilig, ein Rutsche-Auto zu ergattern, um dann damit unseren langen Flur entlangzurasen. Jetzt, kurz vor ihrem Wechsel in die Kindergartengruppe, hat sie wieder angefangen zu klammern. Sie lässt ihre Mutter nicht los, will zu uns Erzieherinnen auf den Arm, fragt, wann ihre Mama kommt, und sitzt manchmal schon lange Zeit vor der Eingangstür, um auf ihre Mutter zu warten. Ihren Vater, der sonst immer regelmäßig kam, haben wir schon ein paar Wochen nicht mehr gesehen."
Auch Anni fällt in Verhaltensweisen zurück, die sie längst überwunden zu haben schien. Möglicherweise gibt es häusliche Probleme. Vielleicht haben sich die Eltern getrennt, vielleicht ist der Vater beruflich unterwegs oder erkrankt. Wenn in der Krippe selbst nichts Außergewöhnliches vorgefallen ist, geben die Parallelen in ihrer Verhaltensänderung einen Hinweis darauf, dass Anni in der Beziehung zu ihren Eltern stark verunsichert ist.

2.2 Hintergründe zur Entwicklung, um Trennungskinder besser zu verstehen

Die menschliche Entwicklung vollzieht sich im Wechselspiel zwischen genetisch vorgesehenen Reifungsprozessen, der persönlichen Motivation und der Interaktion mit der sozialen Umwelt, also zuallererst mit der Herkunftsfamilie. Später dann kommen pädagogische Fachkräfte, Lehrkräfte, Gleichaltrige und andere Bezugspersonen hinzu.

Die **Abfolge der Reifungsprozesse** folgt einem genetischen Programm. So wird ein Kleinkind zunächst sitzen, dann krabbeln und schließlich laufen. Unter der persönlichen Motivation – in der Fachliteratur häufig als „Selbststeuerung" bezeichnet – versteht man, dass jedes Kind auch etwas Individuelles, Eigenes mit auf die Welt bringt, so etwas wie Charakterzüge, Eigenarten oder sein Temperament. Dies ist zum Beispiel dafür verantwortlich, dass ein Kind vielleicht eher laufen lernt als ein Gleichaltriges. Von der Geburt bis zum Tod lassen sich so typische, mit Reifungsprozessen einhergehende und von Bezugs- bzw. Bindungspersonen beeinflusste Fähigkeiten und Herausforderungen beschreiben, die für bestimmte Altersgruppen typisch sind.

Wenn man die Aussagen verschiedener entwicklungspsychologischer Theorien daraufhin untersucht, welche Bedeutung Eltern für ihre Kinder in den unterschiedlichen Entwicklungsphasen haben und wie Kinder sich in der Beziehung zu ihren Eltern entwickeln, dann bekommt man einen Einblick in die **besonderen Bedürfnisse von Trennungskindern.**

Egal, ob es sich um Entwicklungstabellen handelt, die alterstypischen Fortschritte in den verschiedenen Entwicklungsbereichen, wie etwa der Ich-Entwicklung, der Motorik, dem Sozialverhalten, dem moralischen Urteilsvermögen, dem Denken, Spielen oder auch dem Längenwachstum beschreiben, oder ob sich Pädagoginnen und Pädagogen mit dem innerpsychischen Geschehen und typischen Konflikten der einzelnen Altersgruppen beschäftigt haben: **All diese Erkenntnisse ergeben zusammen ein Puzzle mit typischen, altersabhängigen Herausforderungen, Aufgaben oder Themen, die jedes Kind mit den ihm eigenen Möglichkeiten und unter seinen jeweiligen individuellen Umständen meistern muss.** Dieses Puzzle der kindlichen Entwicklung lässt Übereinstimmungen erkennen, die sich anschaulich unter dem Aspekt der Entwicklungsaufgaben zusammenfassen lassen.

Entwicklungsaufgaben

Der Begriff der „Entwicklungsaufgabe" geht ursprünglich auf den Erziehungswissenschaftler und Soziologen Robert Havighurst zurück, doch lässt er sich in unserem Puzzle mühelos durch Erkenntnisse anderer Vertreter weiterer entwicklungspsychologischer Theorien, wie etwa dem Psychoanalytiker Erik H. Erikson oder dem Begründer der Bindungstheorie, John Bowlby, ergänzen und erweitern. Sie alle beschreiben letztlich die **typischen Anforderungen und Themen in den verschiedenen Entwicklungsstadien.** Sie fassen zwar die Zeiträume etwas unterschiedlich, doch auch das entspricht der Realität. Die Einteilung nach Altersstufen kann nur eine grobe Orientierung bieten. Die tatsächlichen individuellen Abweichungen lassen einen großen Spielraum beobachten, ohne dass wir hier von einer Entwicklungsstörung sprechen müssten. Wir müssen nur daran denken, dass manch dreijähriges Kind bereits sicher die Farben kennt, während ein anderes, fünfjähriges Kind hier noch kleine Unsicherheiten zeigt.

Während Havighurst als Erziehungswissenschaftler und Soziologe eher die Entwicklungsfortschritte in den einzelnen Entwicklungsbereichen wie der Motorik oder der sozialen Entwicklung beschrieb, legte der Psychoanalytiker E.H. Erikson den Fokus auf soziale Anpassungsleistungen (siehe Seite 13) und damit einhergehende innerpsychische Konflikte, die er jeweils zwischen zwei entgegengesetzten Polen ansiedelte. So nennt er für das erste Lebensjahr die Pole „Ur-Misstrauen gegen Ur-Vertrauen". Dies wiederum deckt sich inhaltlich weitgehend mit dem, was Bindungstheoretiker als „unsichere" bzw. „sichere Bindung" bezeichnen. Auch wenn diese Begriffe nicht völlig deckungsgleich sind, beschreiben sie doch zusammengefasst das, was Kinder in den unterschiedlichen Entwicklungsphasen meistern müssen.

Wenn wir uns mit der besonderen Problematik von Trennungskindern beschäftigen, geschieht dies vor diesem entwicklungspsychologischen Hintergrund, zu dem wir die Veränderungen durch eine Elterntrennung in Beziehung setzen.

Wir müssen die alterstypischen Bedürfnisse und entwicklungsbedingten Konflikte kennen, um das Verhalten von Trennungskindern richtig zu deuten, ihre Konflikte zu erkennen und um im Sinne einer gesunden kindlichen Entwicklung intervenieren zu können.

Entwicklungstrauma

> Ein **Entwicklungstrauma** entsteht, wenn wesentliche Bedürfnisse einer Entwicklungsphase über einen längeren Zeitraum nicht befriedigt und ignoriert werden. Wir könnten stattdessen auch von einer Überforderung sprechen, einer **Überforderung, die die gesunde kindliche Entwicklung gefährdet.**

Auch hier hilft uns das im genannten Sinn erweiterte Konzept der Entwicklungsaufgaben, wenn wir sie uns bildlich als eine Weiche vorstellen. Entwicklungsaufgaben werden immer im Kontext von Beziehungen bewältigt, Beziehungen zu nahestehenden Menschen, also in erster Linie zu den Eltern, aber auch zu pädagogischen Fachkräfte in Kindertageseinrichtungen. Wie für alle anderen Kinder auch, gilt dies für Trennungskinder zeitweise in besonderem Maße. Sie brauchen Menschen, die sie unterstützen und stärken, indem sie ihre Bedürfnisse im Blick haben und zu ihrer Befriedigung beitragen. Je nachdem, wie gut oder schlecht und mit welchen Mitteln und mit welcher Unterstützung ein Kind seine Entwicklungsaufgaben bewältigt, schlägt sich das in der Persönlichkeit, in seinem Selbstbild und in seiner Lebenseinstellung nieder. Zwar sind Enttäuschungen dabei unvermeidbar und auch wichtig für eine gesunde kindliche Entwicklung, doch ist es die Aufgabe der begleitenden Erwachsenen, dafür zu sorgen, dass diese Frustrationen nicht in Überforderung umschlagen.

Entwicklungsdokumentation als Chance

Gleichgültig, für welche Methode der Entwicklungsdokumentation eine Einrichtung sich entschieden hat, ob für Lerngeschichten, Portfolios oder die Dokumentation anhand von Entwicklungstabellen: Bei der Durchführung einer systematischen Beobachtung sind pädagogische Fachkräfte sehr nah am Kind. Neben der Ermittlung seiner Entwicklungsfortschritte bekommen sie Gespräche mit anderen Kindern mit, spezifische Rollenspiele, Spiele und Vorlieben. Im Vergleich mit vorausgegangenen Beobachtungen werden aber auch **Verhaltensänderungen** deutlich. Ein vormals in sich ruhendes Kind ist vielleicht reizbar, ein spielfreudiges Kind zieht sich zurück. Um auszuschließen, dass wir ein Kind in einer Ausnahmesituation sehen, basieren diese Erkenntnisse auf Beobachtungsreihen.

Bei der Auswertung der Ergebnisse sollten pädagogische Fachkräfte im Team immer in Erwägung ziehen, dass kindliche Verhaltensänderungen, Regressionen oder Auffälligkeiten auch **im Zusammenhang mit einer Elterntrennung** stehen können.

3.

Psychische Auswirkungen einer Trennung: Die Seite der Eltern

Eine Elterntrennung stellt für die Erwachsenen eine – vorübergehende – **massive Lebenskrise** dar. Mithilfe des Modells der fünf Säulen der Identität von Hilarion Petzold (siehe Kapitel 3.1) werden wir sehen, dass eine Trennung für Eltern einen **psychischen Ausnahmezustand** darstellt. Eine Trennung bedeutet einen gewaltigen Einschnitt und damit eine Lebensveränderung, die alle Bereiche unseres Seins betrifft. Petzold nennt sein Modell nicht ohne Grund „die fünf Säulen der Identität", also die fünf Säulen, auf denen das ruht, was uns ausmacht. Doch so massiv diese Krise auch ist, die damit einhergehende Verunsicherung ist nicht zu vergleichen mit einer behandlungsbedürftigen psychischen Erkrankung. Diese Lebenskrise ist zudem **zeitlich begrenzt,** also vorübergehend – und genau darin liegt auch die **große Chance für pädagogische Fachkräfte,** der häuslichen Verunsicherung die gewohnte Stabilität und Sicherheit entgegenzusetzen.

3.1 Die fünf Säulen der Identität

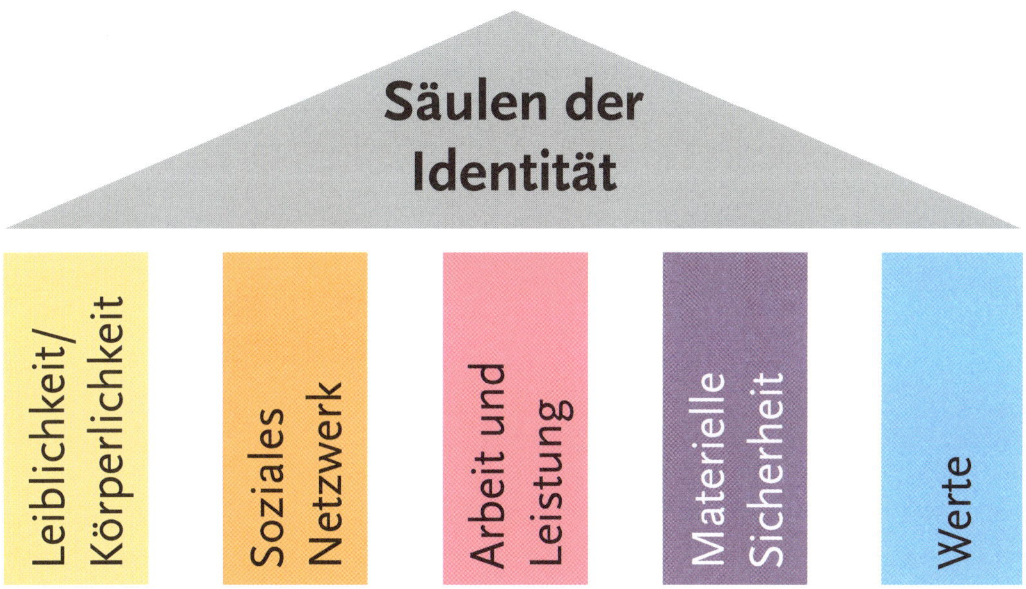

Das Bewusstsein, wer wir sind und ob wir mit uns einigermaßen im Einklang, also psychisch stabil sind, basiert danach auf der Qualität unserer zwischenmenschlichen Beziehungen, unserem Platz in der Gesellschaft, unserer körperlichen Gesundheit, darauf, ob wir mit unserer Leistung zufrieden sind, über ein ausreichendes Einkommen verfügen und unser Leben entsprechend unserer Wertvorstellungen gestalten können. Psychologinnen und Psychologen sprechen von einer **„integrierten Persönlichkeit",** wenn alle diese fünf Säulen einigermaßen stabil sind. Kleine Konflikte, Rückschläge, Probleme greifen natürlich immer wieder die eine oder andere Säule an, doch wird dies dann durch die Stabilität der anderen vier ausgeglichen. Sind jedoch alle fünf Säulen angegriffen – und genau das ist bei einer Elterntrennung der Fall –, sprechen wir von einer **Lebenskrise.**

Dieses Modell eignet sich gut, um die temporäre psychische Ausnahmesituation von Trennungseltern zu beschreiben und zu erklären. Damit gewinnen wir ein Bild davon, in welcher Verfassung Trennungskinder ihre Eltern während dieser Zeit notgedrungen erleben.

Wenn sich Eltern trennen, betrifft dies zunächst **die Säule der sozialen Beziehungen,** denn es ist ein Unterschied, ob wir unser Leben allein oder in einer Partnerschaft gestalten, ob wir die intakte Familie erleben oder vor den Scherben unseres Traumes stehen. Hilflosigkeit, Trauer, Wut, Enttäuschung und Ängste ziehen Energie ab, die Mütter und Väter für die Bewältigung ihres Alltags und als Eltern brauchen. Zudem fällt häufig die Unterstützung im Alltag durch den anderen Elternteil weg, sodass die alleinerziehenden Elternteile in der Regel einige Zeit brauchen, um zu begreifen, dass sie nicht ohne Folgen für ihre Gesundheit und ihre Kraft plötzlich all die Erziehungsaufgaben allein bewältigen können.

Die Säule der Leiblichkeit, die körperliche Gesundheit, ist angegriffen, weil die Veränderungen und die Konflikte im Zusammenhang mit einer Trennung oft zu körperlichen Beeinträchtigungen wie Schlafstörungen führen oder sich auf andere typische Schwachstellen eines Menschen auswirken. **Die Säule von Arbeit und Leistung** ist betroffen, weil durch die körperlichen Beschwerden die Leistungsfähigkeit eingeschränkt ist und zum Beispiel die Konzentration leidet.

Die Säule der wirtschaftlichen Sicherheit ist eng mit den beiden vorhergehenden Säulen der Identität verwoben, denn die eingeschränkte Leistungsfähigkeit beeinträchtigt oft die Leistungskraft und Zuverlässigkeit im Beruf, sodass die Angst um den Verlust des Arbeitsplatzes zu den anderen Problemen noch hinzukommt. Vielleicht greift jemand auch aufgrund der Trennung vermehrt zu Alkohol und kommt deshalb häufig zu spät zur Arbeit. Er wird unzuverlässig, ist unkonzentriert, und der Arbeitgeber droht mit Kündigung. Damit ist auch die wirtschaftliche Sicherheit der Familie bedroht.

Die Säule der Werte ist am schwierigsten zu verstehen, doch auch sie macht einen wichtigen Teil unserer Identität aus. Wie wir gesehen haben (siehe Seite 7), ist es ein bedeutsames Lebensziel und damit ein wichtiger Wert, eine intakte Familie zu haben und zu bewahren. Gelingt es nicht, dieses Ziel zu erreichen, führt das zu Gefühlen des Scheiterns und der Scham. Dies stellt einen gewaltigen Angriff auf das Selbstbewusstsein und das Selbstvertrauen von Trennungseltern dar. Das Gefühl des Scheiterns, der Scham und Schuldgefühle führen dazu, dass es vielen Eltern schwerfällt, ihre Situation offen zu besprechen. Zudem ist eine Trennung ein so privates Geschehen, dass viele pädagogische Fachkräfte sich schwer damit tun, Eltern anzusprechen oder nachzufragen. Sie haben Angst, neugierig zu erscheinen oder übergriffig zu sein.

Eine Elterntrennung stellt also eine **enorme seelische Belastung** dar. Das Leben gerät zeitweise buchstäblich aus den Fugen, und davon sind alle Lebensbereiche betroffen. Die Gesundheit ist angegriffen, das Selbstbewusstsein geschrumpft, Probleme in der Leistungsfähigkeit führen zu Existenzängsten, die ohnehin ein großes Thema für Trennungseltern sind.

Eltern wissen natürlich, dass ihnen momentan die gewohnte Kraft für ihre Kinder fehlt. Oft retten sie sich von einem Tag zum anderen. Und das ist dann eben nicht die Zeit, um das eigene Verhalten und den Umgang mit den Kindern in Ruhe zu reflektieren.

Martina, eine Trennungsmutter, erzählt:

„Rückblickend empfand ich es als das Allerschlimmste, wenn mir jemand sagte, dass wir uns wegen der Kinder ‚zusammenreißen' sollten oder ‚vernünftig' miteinander umgehen sollten. Diese moralischen Appelle von Leuten, die alle glaubten, das von außen beurteilen zu können! So überflüssig! In der ersten Zeit nach Kais Auszug hatte ich das Gefühl, mein nacktes Überleben und das der Kinder halbwegs hinkriegen zu müssen."

Moralische Vorhaltungen oder Vorwürfe helfen hier erst recht nicht weiter. Nur, wenn wir Eltern mit einem **Verständnis** begegnen, das aus der Kenntnis ihres Dilemmas resultiert, können wir ein Klima schaffen, in dem wir in der Zusammenarbeit etwas für die gesunde Entwicklung von Trennungskindern erreichen. Wir müssen uns klarmachen, dass auch Trennungseltern gute Eltern sein wollen. Wenn sie Fehler machen, dann ist das der mit ihrem Ausnahmezustand verbundenen Erschöpfung geschuldet. **Schuld und Scham** sind in der ersten Zeit ohnehin ständige Begleiter.

In meinen Fortbildungen für pädagogische Fachkräfte mache ich gerne eine Übung, in der die Teilnehmenden die fünf Säulen mit den Ressourcen und Defiziten einer fiktiven „Frau Müller" füllen. So kreieren sie eine Trennungsmutter, die sie dann im Plenum vorstellen. Eine Erzieherin hat das Ergebnis einmal so zusammengefasst: „Ich habe ein bedrückendes Gefühl davon erhalten, wie sich Trennungseltern fühlen." Wenn es gelingt, Eltern mit diesem Verständnis und Mitgefühl zu begegnen, dann ist das schon eine sehr gute Basis für eine Zusammenarbeit im Sinne ihrer Kinder.

Wie wir in Kapitel 10.4 noch genauer sehen werden, lässt sich das Modell der fünf Säulen der Identität auch wunderbar für eine Bestandsaufnahme der familiären Ressourcen eines Kindes in der akuten Trennungssituation nutzen: Hat es Kontakt zum anderen Elternteil? Wie ist das Verhältnis zu den Großeltern? Gibt es Verwandte, Nachbarn oder Freunde, die den Alltagselternteil bei der Erziehung unterstützen? Wenn ja, wie sieht diese Unterstützung aus? Handelt es sich um Entlastung im Alltag oder um wirtschaftliche Unterstützung? Gibt es die Möglichkeit der Betreuung des Kindes über einen längeren Zeitraum, sodass der überwiegend alleinerziehende Elternteil aktiv seinen Interessen und Neigungen nachgehen und somit körperlich und seelisch regenerieren kann?

3.2 Phasen einer Elterntrennung

Eine Elterntrennung ist ein Prozess. Insgesamt lässt sich dieser Prozess in **fünf Phasen** nachzeichnen. Mit jeder dieser Phasen verändert sich das Befinden der Erwachsenen und wirkt sich damit unterschiedlich auf die Beziehung zu den Kindern aus.

Vor allem die ersten drei Phasen sind für Kinder im Vorschul- und Grundschulalter von besonderer Bedeutung, weil hier das Konfliktpotenzial zwischen den Eltern am größten ist und die emotionale Verfügbarkeit für die Kinder zwangsläufig abnimmt.

Erste Phase – die Vortrennungsphase: Sie ist durch teilweise unterschwellige Konflikte mit ungewissem Ausgang für die Partnerschaft gekennzeichnet. Die Kinder bekommen atmosphärisch mit, dass etwas nicht in Ordnung ist. Doch häufig können Eltern nicht offen mit ihnen sprechen, weil sie selbst nicht wissen, wohin die Reise geht.
Zweite Phase – die Schockphase: Die ausgesprochene oder vollzogene Trennung muss erst einmal psychisch verstoffwechselt und realisiert werden. Häufig berichten Eltern, während dieser Phase irgendwie neben sich gestanden und nur noch funktioniert zu haben.
Dritte Phase – aufbrechende Gefühle: Die Phase der aufbrechenden Gefühle macht sich auch pädagogischen Fachkräften gegenüber bemerkbar, indem etwa bei Tür-und-Angelgesprächen über den anderen Elternteil geschimpft wird.
Vierte Phase – Konsolidierung und Aufbruch: In dieser Phase ist die Trennung akzeptiert, ob sie dem einzelnen Betroffenen nun gefällt oder nicht. Das Betreuungsmodell ist gefunden. Kinder pendeln häufig schon ganz selbstverständlich zwischen den Elternteilen.
Fünfte Phase – Neuanfang: In der letzten Phase, der des Neuanfangs, ist die Trennungskrise überwunden. Alle Beteiligten haben sich irgendwie arrangiert und einen Modus zum Umgang mit dem Kind gefunden.

Diese Phasen werden niemals ganz überwunden. Man kann sich den Prozess wie eine Wendeltreppe vorstellen, an der für jede Phase jeweils ein Seil von oben herabhängt: Der Umgang mit den Themen der einzelnen Phasen wird mit jeder neuen Ebene, jedem neuen Schritt nach oben leichter, anders, vielleicht auch abgeklärter. In neurotischen Beziehungen können sich die Fronten auch verhärten und bedürfen im Sinne der Kinder der professionellen Begleitung. Doch bei den meisten Paaren wird das Konfliktpotenzial irgendwann abnehmen.

Wie wir in Kapitel 10.4 noch sehen werden, ist das Phasenmodell für pädagogische Fachkräfte ein wertvolles Instrument zur Orientierung in der Erziehungspartnerschaft mit Trennungseltern und zum Verständnis des kindlichen Verhaltens.

3.3 Die Dauer der Trennungskrise

Wie lange dauert so eine Trennungskrise nun eigentlich? Das ist eine Frage, die mir immer wieder gestellt wird. Die Antwort ist **von den individuellen Voraussetzungen abhängig.** Als

Faustregel könnte gelten: Wie **stabil oder resilient** eine Persönlichkeit vor der Trennung war, ist entscheidend dafür, wie lange jemand braucht, um die Herausforderungen dieser Krise zu lösen und in seine Erfahrungen zu integrieren.

Doch gibt es neben dieser allgemeinen, ein wenig unbefriedigenden Antwort Hinweise aus Erfahrungen mit anderen Krisen. So weiß man zum Beispiel aus der Arbeit mit Alkoholikerinnen und Alkoholikern, dass das erste Vierteljahr überstanden werden muss, um einen höheren Grad an psychischer Stabilität in der Abstinenz erlangen zu können. Dies ist ein Zeitraum, den auch viele psychosomatische oder psychiatrische Kliniken für eine erste Stabilisierung ansetzen.

Wenn wir diese Erfahrung auf eine Elterntrennung übertragen, so würde das bedeuten, dass im ersten Vierteljahr nach der Trennung eine gewisse Gewöhnung oder Akzeptanz der Veränderung eintritt. Meiner Erfahrung nach braucht es in etwa zwei Jahre, um eine Trennung so zu verarbeiten, dass die betroffenen Erwachsenen sich an die neue Situation gewöhnt haben und langsam auch psychisch frei und offen für einen neuen Lebensentwurf werden.

Kinder arrangieren und stabilisieren sich umso eher, je besser es gelingt, ihnen die Sicherheit zu geben, die sie brauchen, um die **Veränderung in ihrer Familie zu verarbeiten** und eine **stabile Beziehung zu beiden Elternteilen** zu erfahren. Dann haben sie sich häufig schneller an die neue Lebenssituation gewöhnt als die Erwachsenen. Während die Eltern sich nämlich von einer Paarbeziehung verabschieden müssen, erleben Kindern im Idealfall keine Trennung, sondern eine Veränderung in der Beziehung zu den Eltern und im Verständnis dessen, was sie als Familienrealität begreifen.

Für die pädagogische Arbeit mit Trennungskindern bedeutet dies, dass pädagogische Fachkräfte in den allermeisten Fällen eine deutliche Stabilisierung der betroffenen Kinder erleben, zu der sie mit ihrer erfolgreichen Intervention wesentlich beigetragen haben.

4. Die besonderen Bedürfnisse von Trennungskindern

Grundsätzlich sollten wir respektieren, dass ein Kind beide Eltern liebt und braucht. Das A & O ist die **kindgerechte Kommunikation** von Grundaussagen, die entwicklungsbedingten, irrationalen, kindlichen Schuldgefühlen entgegenwirken. Außerdem können Fachkräfte die Kinder in Loyalitätskonflikten stärken, um möglichst auch dem Phänomen der „Parentifizierung“ (siehe Seite 29) entgegenzuwirken.

Aufseiten der Trennungskinder lassen sich **sechs wesentliche Einflüsse** beschreiben, die zu einer psychischen Überforderung und im schlechtesten Falle sogar zu einem Entwicklungstrauma führen können (siehe Seite 16). Diese **grundsätzlichen Informationen** können und sollten pädagogische Fachkräfte an Trennungseltern weitergeben.

4.1 Kinder brauchen beide Eltern

Kinder brauchen eine realistische Beziehung zu beiden Eltern. Diese Aussage bezieht sich nicht auf die Quantität des Kontaktes, sondern auf die Qualität. Beide Eltern sind die Wurzeln eines Kindes. Und beide, Alltagseltern und „Sonntagseltern“ im Falle einer Trennung, sind gleichermaßen wichtig für die gesunde Entwicklung eines Kindes. Ein Kind liebt beide Eltern, und beide haben zum Teil eine ganz unterschiedliche, identitätsstiftende Bedeutung für ein Kind. Während traditionell Mütter ihren Kindern überwiegend pflegend und schützend begegnen, gehen Väter mehrheitlich eher spielerisch mit ihnen um. Außerdem – so zeigt eine Untersuchung – trauen Väter ihren Kindern viel früher als Mütter ein höheres Maß an Selbstständigkeit zu. So trauten Väter zum Beispiel Zwölfjährigen zu, was Mütter sich erst für Sechzehnjährige vorstellen konnten. Und Eltern sind die wichtigsten Modelle beim Erwerb der geschlechtlichen Identität von Kindern, und auch für den Umgang der Geschlechter miteinander.

Entfällt der Kontakt zu einem Elternteil, so hat das Auswirkungen auf die gesunde kindliche Entwicklung. Es fehlt der Kontakt zu den kindlichen Wurzeln. Etwas anderes ist es, wenn ein Elternteil stirbt. In einer intakten Familie haben Kinder dann in der Regel positive Introjekte, also Verinnerlichungen oder verinnerlichte Bilder des fehlenden Elternteils ausbilden können, die durch den verbleibenden Elternteil bestätigt und nicht infrage gestellt werden.

4.2 Korrektur des spontanen Schuldimpulses

Die Kindergartenzeit ist charakterisiert durch das, was in der Entwicklungspsychologie **„magisches Denken“** bezeichnet wird. Damit kompensieren Kinder dieses Alters einerseits Ängste und die Erkenntnis, Erwachsenen unterlegen zu sein, andererseits verstärkt es im Zusammenhang mit dem **kindlichen Egozentrismus** in überfordernden Situationen den Impuls, sich verantwortlich zu fühlen. Kinder glauben dann, schlimme Situationen allein durch ihr Denken herbeigeführt zu haben. Dies können wir als kindlichen Versuch werten, eine für das Kind unkontrollierbare Situation auf diese Weise kontrollierbar zu machen.

Wenn hier von Kontrolle die Rede ist, dann ist damit Einflussnahme oder Steuerung gemeint. Eine Situation kontrollieren zu wollen bedeutet demnach, eine Situation nach seinen eigenen Vorstellungen und Wünschen beeinflussen zu wollen. Es hat also nichts damit zu tun, eine Situation überwachen zu wollen.

Diesen Wunsch nach Kontrolle erleben wir immer wieder bei Kindern aus Suchtfamilien. Sie glauben, wenn sie sich nur genug anstrengen, brav sind und wachsam, dann finden sie in ihrem eigenen Verhalten den Schlüssel dafür, dass Mama oder Papa mit dem Trinken aufhören. Das magische Denken fördert hier die Hoffnung, die Situation günstig beeinflussen zu können. Doch auch das Gegenteil ist möglich. Dies gilt insbesondere für Trennungskinder.

Dialog zwischen einem zwölfjährigen Trennungskind und der Interviewerin

(ein Ausschnitt aus einem Youtube-Video; Müller & Friedrichs 2015)

„TV-Team: Wie war denn das letzte Jahr für dich?
Mädchen: Ja, ich sag nur: Streit. Manchmal haben sie gewartet, bis ich aus dem Haus bin. Ich sag nur: manchmal.
TV-Team: Hattest du dir das gedacht?
Mädchen: Dass die sich trennen? Naja, wo sie mit dem Streiten angefangen haben, da fand ich das noch ... naja, jeder streitet sich mal ein bisschen. Aber wo's dann jeden Tag war, da habe ich mir gedacht, bald werden sie sich trennen (nickt).
TV-Team: Und was hast du dann gedacht?
Mädchen: Hätt' ich das nur nicht gedacht."

Dieses Beispiel verdeutlicht noch ein weiteres Merkmal der kindlichen Entwicklung: Obwohl das Mädchen mit seinen zwölf Jahren dem magischen Denken längst entwachsen ist, scheint es von der Trennung seiner Eltern derart überfordert, dass es in seiner Denkweise auf ein längst überwundenes Entwicklungsstadium zurückfällt. Es denkt, es sei an der Trennung seiner Eltern schuld – allein deswegen, weil es diese Möglichkeit im Vorfeld in Betracht gezogen hat.

Dieser Mechanismus greift bis ins hohe Erwachsenenalter. In der Psychologie bezeichnet man ihn als **Regression.** Wir müssen nur daran denken, dass Stress-Situationen – die ja nichts anderes als überfordernde Situationen sind – dazu führen, dass wir nichts essen können, übermäßig trinken oder wieder mit dem Rauchen anfangen. Dies ist ein Rückfall in unsere früheste Kindheit, wo die Nahrungsaufnahme, die orale Befriedigung, die oberste Priorität für uns hatte.

Besonders problematisch sind im Zusammenhang mit dem magischen Denken heftige Gefühle, die aus einem Konflikt oder einer Enttäuschung mit bzw. durch einen Elternteil bei den Kindern entstehen. August Aichhorn (1951), ein Psychoanalytiker, hat in den Zwanzigerjahren des zwanzigsten Jahrhunderts als allererster therapeutisch mit als „verwahrlost" bezeichneten Jungen gearbeitet. Damals galten diese Kinder und Jugendlichen noch als kriminell und wurden wie erwachsene Straftäter weggesperrt. In seiner therapeutischen Arbeit fand Aichhorn heraus, dass das kriminelle oder aggressive Verhalten der Jungen immer im Zusammenhang mit einer traumatischen Erfahrung in der Beziehung zu den Eltern zu finden war.

Besonders im Gedächtnis geblieben ist mir die Geschichte eines Jungen, dessen Vater unmittelbar nach einer furchtbaren Auseinandersetzung zwischen den beiden tödlich verunglückte. Der Junge war während des Streits so wütend, dass er seinem Vater den Tod gewünscht hatte. Dem magischen Denken folgend hatte dieser Junge sich selbst und seinen Verwünschungen die Schuld am Tod seines Vaters gegeben. Seine kriminellen Handlungen waren seinem unbewussten Bestrafungswunsch geschuldet. Er verdankt die Wiederherstellung seiner psychischen Gesundheit der therapeutischen Aufarbeitung dieses Traumas.

Ganz ähnlich verhält es sich mit dem spontanen Impuls von Kindern und Jugendlichen, sich für die Trennung ihrer Eltern schuldig zu fühlen (zur Vertiefung: Steffens 2022a). Je älter Kinder sind, umso mehr sind sie in der Lage, die Absurdität dieses Impulses zu erkennen und zu bearbeiten. Dies fällt jedoch Kita-Kindern, die mitten in der Phase des magischen Denkens stecken, natürlich sehr, sehr schwer. Wenn pädagogische Fachkräfte solche Situationen erkennen, verfügen sie damit über ein wichtiges Instrument, kindlichen Entwicklungstraumata durch eine Elterntrennung zu begegnen. Dies stellt einen **wesentlichen Schritt zur psychischen Entlastung von Trennungskindern in der heikelsten Entwicklungsphase** dar.

4.3 Kinder müssen sich selbst als im Wachsen und Werden begreifen

Eine wichtige Entwicklungsaufgabe für ein Kind besteht darin, sich selbst als im Wachsen und Werden zu begreifen. Je jünger ein Kind ist, umso mehr schwankt es zwischen der dem magischen Denken geschuldeten Allmachtsfantasie, den Eltern ebenbürtig zu sein, und der langsam ins Bewusstsein sickernden Erkenntnis, dass dies nicht stimmt. Allmählich bekommt die frustrierende, aber realistische Erkenntnis, einen anderen sozialen Status und weniger Rechte als Erwachsene zu haben, eine konstruktive Perspektive. Ein Kind könnte das etwa so ausdrücken: „Ich bin zwar noch ein Kind, aber wenn ich groß bin, dann darf ich all das, was Mama und Papa heute schon dürfen."

Besonders in der Arbeit mit Trennungskindern ist es wichtig, wenn pädagogische Fachkräfte die Erkenntnis nähren, dass Kinder klein und Erwachsene groß sind. Auf diese Weise fördern sie den Realitätssinn der Kinder und tragen damit auch zur **Relativierung und Korrektur des unbegründeten kindlichen Schuldgefühls** bei.

4.4 Kinder dürfen nicht in Loyalitätskonflikte geraten

Alle Eltern wollen gute Eltern sein. Das gilt natürlich auch für Trennungseltern! Denn sie wissen ganz intuitiv, dass es dem Kind wehtut, es überfordert und ihm schadet, wenn es das Gefühl hat, sich in seiner Liebe für einen Elternteil entscheiden zu müssen.

Nur kommen solche Konflikte leider häufig völlig unerkannt daher. Es bedarf einer **regelmäßigen Reflexion des eigenen Verhaltens,** um sie aufzudecken. Dies gilt ganz besonders für die dritte Phase eines Trennungsprozesses (siehe Seite 104), wo die Gefühle aufbrechen und sich im Umgang mit den Kindern Gänge graben.

Schon ungewöhnliche Redeweisen wie „Dein feiner Herr Vater hat mal wieder …" oder „Typisch deine Mutter …" lassen den Ärger und die Missbilligung des anderen Elternteils erkennen. Wir müssen nur daran denken, wie unangenehm es ist, wenn sich etwa Kolleginnen streiten und wir das Gefühl haben, wir müssten für die eine oder andere Partei ergreifen. Ein Kind erlebt eine solche Situation noch um ein Vielfaches gesteigert. Der Konflikt, so empfinden es Kinder, bedroht ihre Existenz. Versuchen sie sich dem mit ihren entwicklungsbedingten Möglichkeiten zu entziehen, indem sie zwischen den erlebten Fronten lavieren, sind Schuldgefühle unvermeidlich. Schuldgefühle, Vater oder Mutter zu verraten, indem sie ihre Liebe vor dem jeweils anderen verbergen.

Das müssen, je nach Alter des Kindes, gar keine verbalen Botschaften sein. Es reicht, wenn sie das Gefühl haben, den einen unendlich traurig zu machen, wenn sie den anderen Elternteil besuchen oder vom Sonntags- zum Alltagselternteil zurückkehren.

Antje, pädagogische Fachkraft in der Kita, berichtet:

„Neulich beobachtete ich Swantje, wie sie, anstatt ihre Mutter wie üblich zu begrüßen, mit hochrotem Gesicht durch den Gang zu ihrem Garderobenfach stürzte, um etwas aus ihrer dort aufgehängten Jacke zu nehmen und hektisch in ihr Fach zu stopfen. Dabei fiel eine Bonbontüte, wie es sie auf Jahrmärkten gibt, zu Boden. Ich hob sie auf und hielt sie ihr hin, doch Swantje tat so, als ob sie damit gar nichts zu tun hätte. Sie wandte mir den Rücken zu und zog ihre Mutter mit den Worten ‚Komm, Mama, schnell …!' Richtung Ausgang.
Am nächsten Morgen fragte ich sie, was es mit den Bonbons auf sich habe. Da flüsterte sie mir zu: ‚Die sind von Papa. Wir waren doch auf der Kirmes – und wenn Mama sie sieht, wird sie nur wieder sauer, dass Papa immer so tolle Sachen mit mir macht.'"

Dieses Beispiel verdeutlicht einen typischen **Loyalitätskonflikt.** Kinder empfinden sich oft schon als illoyal, wenn sie Aktivitäten und Unternehmungen mit einem Elternteil genießen, von denen sie glauben, der andere würde diese missbilligen.

Viele Mütter oder Väter beklagen, dass schon Kindergartenkinder einsilbig „gu-hut" antworten oder auch nur die Achseln zucken, wenn sie danach fragen, wie es denn beim anderen Elternteil gewesen sei. Aus lauter Angst, den jeweils anderen zu verletzen oder zu verärgern, kontrollieren die Kinder ihre Auskünfte. Dies ähnelt dem psychopathologischen Phänomen der „Dissoziation", mit dem das Abspalten von Erlebnissen, Gefühlen und Erinnerungen beschrieben wird, die einen Menschen so überfordern, dass er sie nicht verarbeiten kann.

Dissoziation ist das Gegenteil von Integration, von dem, was Fachkräfte mit ihrem pädagogischen Handeln fördern wollen. Der Prozess der Integration beschreibt die gelungene Verarbeitung von Veränderungen und Konflikten. Das bedeutet, Veränderungen so zu verarbeiten, dass sie als Erfahrung und Rüstzeug für die weitere Entwicklung in das eigene Fühlen und Denken eingehen.

Die gelungene Verarbeitung einer Elterntrennung würde bedeuten, dass ein Kind – unabhängig – zu beiden Eltern eine stabile, vertrauensvolle Beziehung entwickelt, die auf realistischen Erwartungen basiert. Dies beinhaltet, dass Kinder den Umgang mit dem jeweils anderen Elternteil in der Kommunikation nicht verleugnen, „färben" oder kontrollieren müssen. Sie haben das Gefühl, sie sind zu einem unbeschwerten Umgang mit beiden berechtigt, auch, wenn die Eltern in einigen Punkten völlig konträre Einstellungen haben. Diese Entwicklung können pädagogische Fachkräfte fördern, indem sie auf methodisch vielfältige Weise (siehe Kapitel 6.2; 6.4; 7.3; 8.3) das unbeschwerte Sprechen über beide Eltern ermöglichen und anstoßen.

4.5 Schutz vor Parentifizierung

Das Phänomen der Parentifizierung stellt eine extreme Zuspitzung eines Loyalitätskonfliktes dar. Hier empfinden Kinder einen Elternteil als so schwach und dem anderen unterlegen, dass sie das Gefühl haben, ihn vor dem vermeintlich Stärkeren beschützen zu müssen.

Das stellt eine gefährliche Umkehr der Rollen von Eltern und Kindern dar. Nicht Kinder haben die Aufgabe, für ihre Eltern zu sorgen, sondern umgekehrt!

Parentifizierung blockiert und verhindert die gesunde kindliche Entwicklung. Der Nährboden für dieses Phänomen wird bereitet, wenn ein Elternteil seine eigene Verantwortung an der Trennung verleugnet, indem er sich einseitig als Opfer darstellt.

Auch hier ist es sinnvoll, in der Kita oder in der Schule didaktische Anlässe zu bieten (siehe Kapitel 8.3), um die Verantwortlichkeiten zwischen Kindern und Erwachsenen eindeutig und realistisch zu darzustellen und kindgerecht zu transportieren. So können Fachkräfte den Trennungskindern den Rücken stärken.

4.6 Kinder brauchen authentische und verantwortungsvolle Kommunikation

Wenn wir darüber nachdenken, wie wir mit Trennungskindern sprechen, sollten die Kernbotschaften lauten:

- Du bist mit diesem Schicksal nicht allein, und es ist völlig o.k., darüber zu sprechen – oder auch NICHT!
- Du hast keine Schuld – Kinder haben niemals schuld!
- Du musst dich nicht zwischen Mama und Papa entscheiden – Kinder können sich gar nicht entscheiden!
- Du kannst deinem Papa, deiner Mama nicht helfen – Kinder können ihre Eltern nicht beschützen!

Die Kommunikationsangebote werden grundsätzlich so gewählt, dass die Grenzen der Kinder gewahrt und respektiert sind.

Die Praktikantin Lisa erklärt:

„Vor dem Mittagsschlaf erfahre ich ALLES!" Das ist in der Tat sehr gut beobachtet. Es handelt sich bei diesem Phänomen um den Zustand, der in der Psychologie als Regression bezeichnet wird. Die Kontrolle des eigenen Verhaltens lässt nach, die sogenannte Abwehr wird durchlässig. Dasselbe erleben auch Erwachsene, wenn sie erschöpft oder müde sind. Dann werden sie bisweilen albern oder plaudern Dinge aus und sprechen Themen an, die sie mit einer besser funktionierenden Selbstkontrolle für sich behalten würden. Die Arbeit mit diesen Bewusstseins-Zuständen ist ein therapeutisches Instrument, das ausschließlich in die Hände von Fachleuten gehört.

Diese Verfassung eines Kindes dazu zu nutzen, an Informationen zu gelangen, die es im Vollbesitz seiner psychischen Kräfte nicht preisgeben möchte, stellt einen unverzeihlichen Übergriff dar. „Gras wächst nicht schneller, wenn man daran zieht", lautet ein afrikanisches Sprichwort. Jeder Mensch durchläuft Entwicklungen in seinem eigenen Tempo. Das hat entwicklungspsychologisch gesehen den Sinn, Überforderungen zu vermeiden und das Kind im psychischen Gleichgewicht zu halten.

Pädagogische Fachkräfte sind ohnehin so nah am Kind, dass es ein Leichtes ist, eine vertrauensvolle Beziehung aufzubauen, in der ein Kind sich dann von selbst öffnet. Dies erfordert natürlich Engagement, körperliche und geistige Beweglichkeit sowie ein hohes Maß an Respekt und Empathie. Unter diesen Voraussetzungen, können pädagogische Fachkräfte **Angebote machen und Gesprächsanlässe schaffen,** die ein Kind dann annimmt oder nicht.

5. Mit Trennungskindern achtsam sprechen

Sobald das Alter des Kindes es zulässt, ist es wichtig, mit ihm über die Situation zu sprechen. Idealerweise tun dies bereits die Eltern, wenn es Konflikte gibt. Denn Kinder spüren atmosphärische Störungen auf jeden Fall, und da ist es nur gut, wenn ausgesprochen wird, dass sich die Eltern gerade nicht so gut verstehen. Hier kommt den pädagogischen Einrichtungen eine große Bedeutung zu, weil sich pädagogische Fachkräfte ohnehin um eine **konstruktive Konfliktkultur** bemühen, während in manchen Elternhäusern eine **sprachlose Hilflosigkeit** im Umgang mit Konflikten vorherrscht.

5.1 Niemals bohren!

Grundsätzlich gilt für die Kommunikation mit Kindern, dass besonders pädagogische Fachkräfte niemals bohren sollten, um Informationen über das Geschehen in der Familie zu erlangen. Drei- bis Sechsjährige entwickeln ein gutes Gespür dafür, was man in der Psychologie „inner circle" nennt. Wörtlich übersetzt mit „innerer Kreis" bedeutet das die Vertrautheit mit nahestehenden Menschen – sei es in der Partnerschaft oder in der Familie –, die andere Menschen ausschließt. Man braucht Kinder gar nicht explizit zum Schweigen zu verpflichten. Sie bewahren die Dinge für sich, von denen sie annehmen, dass diese die Intimität ihrer Familie verletzen könnten. Besonders gut beobachten kann man dieses Phänomen etwa in Suchtfamilien, wo Kinder den Konsum ihrer Eltern decken, oder auch bei häuslicher Gewalt, über die Kinder nicht reden, wenn sie darauf angesprochen werden.

Dringt man in bester Absicht in sie, so bringt das Kinder in einen **Loyalitätskonflikt,** wie ihn gerade Trennungskinder ohnehin schon viel zu häufig erleben.

5.2 Die vier Seiten einer Nachricht

Wenn wir uns Kindern professionell nähern wollen, um mit ihnen über heikle Themen wie eine Elterntrennung zu sprechen, ist hilfreich, wenn wir uns an dieser Stelle das Modell der vier Seiten einer Nachricht von Friedemann Schulz von Thun (2010) ins Gedächtnis rufen. Danach hat jede Nachricht vier Seiten: eine Sachseite, eine Appellseite, die Seite der Selbstoffenbarung und die Seite, die Hinweise auf die Beziehung zwischen den Gesprächspartnern und -partnerinnen gibt. Anhand des Satzes „Mein Spielzeug ist weg", den ein Kind zu einer pädagogischen Fachkraft sagt, lassen sich diese vier Seiten gut veranschaulichen:

Sachseite: Mein Spielzeug ist weg.

Appellseite: Hilf mir, es zu finden.

Selbstoffenbarung: Ich bin traurig, dass mein Spielzeug weg ist. Ich möchte mein Spielzeug wiederhaben.

Beziehungsseite: Ich habe ein Problem, und du kannst mir helfen.

Denken Sie daran, immer vorurteilsfreie Fragen zu stellen. Niemals: „Weißt du denn nicht, dass wir hier nicht schubsen?“, sondern: „Hey, was ist los?“ Das Kind erlebt Anteilnahme, es macht die Erfahrung, gesehen zu werden. Es fühlt sich nicht verurteilt und erfährt ein Gesprächsangebot durch die pädagogische Fachkraft.

5.3 Ich-Botschaften

Authentizität in der Kommunikation ist auch in der professionellen Beziehung zu Kindern sehr wichtig. Dies erfordert ein hohes Maß an Reflexion der eigenen Gefühle und Motive. Dabei helfen uns sogenannte Ich-Botschaften, denn es ist etwas anderes, ob ich sage: „Mein Gott, was bist du für ein Tollpatsch, jetzt hast du das Glas zerbrochen!“ oder: „Ich ärgere mich so darüber, dass dieses Glas zerbrochen ist.“ Im ersten Satz ist mein Gegenüber mit einem Vorwurf und der Abwertung seiner Person konfrontiert. Mit der zweiten Formulierung drücke ich meinen Ärger über ein zerbrochenes Glas aus. Ich bleibe zum einen auf der Sachebene, das Glas ist zerbrochen, und zum anderen bei meinen Gefühlen, nämlich meinem Ärger.

Viele Leserinnen und Leser werden den Begriff der Ich-Botschaft kennen. Dennoch möchte ich zur Auffrischung ein paar Beispiele geben.

Zunächst vier **unprofessionelle Äußerungen:**

1. Du bist gemein zu Anton!
2. So macht man das nicht, gib mal her!
3. Mensch, nun sei doch endlich mal ruhig!
4. Lilly ist total doof!

Jetzt die **Ich-Botschaften:**

1. Ich kann das gar nicht ertragen, wenn Anton weint.
2. Ich würde dir gerne helfen, ist das o.k.?
3. Ich finde es total laut hier.
4. Ich ärgere mich gerade sehr über Lilly.

Werden diese Instrumente (siehe Kapitel 4.1 bis 4.3) genutzt, so kann ein professionelles Gespräch mittels des aktiven Zuhörens fortgesetzt werden. Dann hat das Kind die Gelegenheit, über seine Gefühle zu sprechen bzw. sich mithilfe der Erwachsenen über seine Situation klarzuwerden.

5.4 Das aktive Zuhören

Das aktive Zuhören ist wohl die hilfreichste und wirksamste Methode, um mit Kindern ins Gespräch zu kommen. Die Nutzung dieses Instruments im pädagogischen Alltag bedarf jedoch bestimmter Voraussetzungen: **Die Haltung der pädagogischen Fachkräfte sollte von Respekt und Mitgefühl geprägt, ohne Vorurteile sowie authentisch und aufrichtig darum bemüht sein, das Kind zu verstehen.**

Merkmale des aktiven Zuhörens

(A) Ungeteilte Aufmerksamkeit

(B) Bewusst eigene Bewertungen vermeiden

(C) Paraphrasieren: „Habe ich richtig verstanden, dass ..."

(D) Das Gefühl hinter der Nachricht benennen

(E) Keine Ratschläge

(A) Ungeteilte Aufmerksamkeit

Aktives Zuhören bedeutet, mit ungeteilter Aufmerksamkeit beim Kind zu sein. Das gilt auch für Situationen, in denen ein Kind sich nonverbal äußert, indem es zum Beispiel weint oder lacht. Diese ungeteilte Aufmerksamkeit umfasst auch, den Blickkontakt zum Kind zu halten, mit dem Kopf zu nicken oder aufmunternd zu lächeln. Auch ein fragendes „Hm …" signalisiert dem Kind Aufmerksamkeit.

(B) Bewusst eigene Bewertungen vermeiden

Aktives Zuhören ist vielmehr eine Haltung dem Kind gegenüber als eine Methode oder Technik! Es bedeutet, sich aufrichtig Mühe zu geben, das Kind verstehen zu wollen. Dies wird umso eher gelingen, wenn das Gegenüber bewusst seine eigenen Gedanken und Bewertungen zurückstellt.

(C) Paraphrasieren

Aktives Zuhören bedeutet, gezielt nachzufragen und den Inhalt mit eigenen Worten wiederzugeben, bis die Fachkraft das Kind richtig verstanden har („Habe ich richtig verstanden, dass …").

(D) Das Gefühl hinter der Nachricht benennen

Wie in den „Vier Seiten einer Nachricht“ von Schulz von Thun beschrieben, bezieht sich das nächste Merkmal des aktiven Zuhörens auf die Selbstoffenbarung in der kindlichen Botschaft, die die Fachkraft ergründen will. Wenn ein Kind zum Beispiel weint, dann gibt es dafür immer mehrere mögliche Gründe: Vielleicht tut ihm etwas weh, vielleicht ist es traurig oder aber auch wütend. Für die pädagogische Fachkraft gilt es, **das richtige Gefühl hinter der Nachricht des Kindes herauszufinden** und die eigene Wahrnehmung entsprechend zu überprüfen. Das könnte sich dann folgendermaßen anhören: „Ich habe das Gefühl, du bist ganz schön traurig, stimmt das?“ Solche Fragen helfen Kindern darüber hinaus kolossal dabei, ihre eigenen Gefühle überhaupt erst einmal selbst wahrzunehmen und zu beschreiben, denn auch diese Fähigkeit muss sich erst entwickeln und differenzieren. Das ist ganz ähnlich wie bei dem Empfinden körperlicher Schmerzen, die Kinder zunächst alle noch im Bauch verorten.

(E) Keine Ratschläge

Schließlich bedeutet aktives Zuhören, keine Ratschläge oder Tipps zu geben. Das ist schwer. Besonders dann, wenn ein Kind traurig ist oder leidet. Doch es geht hier wirklich darum, dass ein Kind sich **wahrgenommen und angenommen** fühlt. Dies erreichen Erwachsene, indem sie **den kindlichen Gefühlen Raum und Zeit geben.** Fachkräfte müssen dann aushalten, dass ein Kind leidet. Das ist um ein Vielfaches schwieriger, als direkt aufzuspringen und nach Lösungen zu suchen. Auf diese Weise schaffen pädagogische Fachkräfte die Voraussetzungen dafür, dass ein Kind selbst Lösungsansätze entwickelt.

Wenn ein Kind weint, weil ein anderes Kind ihm sein Spielzeug weggenommen hat, dann wird es vielleicht durch die Erfahrung, von der Fachkraft in seiner Enttäuschung ernst genommen zu werden, gestärkt zu ihm zurückkehren. Es wird sich dann möglicherweise vor dem anderen Kind aufbauen und es selbstbewusst(er) damit konfrontieren, dass sein Verhalten nicht o.k. ist. Vielleicht wird es auch sein Spielzeug zurückfordern. Oder es wird sich aus dem Gefühl heraus, dem anderen nicht gewachsen zu sein, einem anderen Spiel oder Spielpartner zuwenden. In keinem Fall ist es förderlich – weder für das Selbstvertrauen eines Kindes noch für seine Position in der Gruppe –, wenn die pädagogische Fachkraft das Kind an die Hand nimmt, um die Situation für es zu lösen. Im Einzelfall kann es angeraten sein, die Konfliktsituation zu moderieren. Auch dabei kann das aktive Zuhören hilfreich sein. Es könnte sich ein Dialog wie im folgenden Beispiel entwickeln, in dem die Buchstaben in den Klammern für das jeweilige Merkmal des aktiven Zuhörens stehen.

Die vierjährige Lilly kommt weinend zur pädagogischen Fachkraft Melanie.

Die sitzt auf einem Drehstuhl und wendet sich ihr zu (A). Lilly legt ihren Kopf in Melanies Schoß und weint. Melanie legt ihr die Hand auf den Rücken (A). Sie wartet, ob Lilly ihr etwas sagen möchte (A). Lilly beruhigt sich und klettert schluchzend und sich die Augen reibend auf den Schoß der pädagogischen Fachkraft. Die schaut Lilly mitfühlend und fragend an (A).

Nachdem sie eine Weile so gesessen und sich immer wieder angeschaut haben, fragt die pädagogische Fachkraft: „Hm ...? Lilly?“ (A) Unter Schluchzen bringt Lilly hervor: „Anni ...!“ Die pädagogische Fachkraft fragt mitfühlend interessiert: „Was ist denn mit Anni, Lilly?“ (C) Lilly fängt erneut zu weinen an. Es schüttelt sie, und sie schluchzt. „Bist du traurig wegen Anni?“, fragt Melanie (D). Energisch schüttelt Lilly unter Schluchzen den Kopf. „Bist du denn nicht traurig?“ (D), fragt die pädagogische Fachkraft. „Dohoch!“, bekräftigt Lilly. „Aber nicht wegen Anni?“ (C) „Was hat sie denn gemacht, das dich so traurig macht?“ (C) „Sie hat gesagt, dass ich nicht mitspielen darf, weil ich keinen Papa habe!“ „Ach ... jetzt verstehe ich. Ihr habt in der Puppenecke Vater-Mutter-Kind gespielt – und Anni wollte nicht, dass du mitspielst, weil du keinen Papa hast? Stimmt das?“ (C) „Ja!“

Lilly ist nun viel gefasster. Sie richtet sich auf und zeigt auf die Puppenecke, wo Anni mit zwei anderen Kindern spielt. „Anni lügt!“, sagt Lilly und weint erneut. „Anni ist doof!“ „Hm ... du bist wohl ziemlich sauer auf Anni, oder ?“ (D) Heftig nickt Lilly. „Anni ist total doof!“, bekräftigt sie. „Ich bin total sauer! ... und traurig!“, setzt sie nach. Die pädagogische Fachkraft zückt ein Papiertaschentuch. Sie wischt Lilly Tränen und Rotz aus dem Gesicht (A) und schaut sie mitfühlend und fragend an. „Glaubst du denn, dass es Kinder gibt, die keinen Papa haben?“ (B) Lilly schüttelt sich und sagt „Das gibt’s doch gar nicht. Alle Kinder haben eine Mama und einen Papa. Anni lügt!“ Die pädagogische Fachkraft schaut Lilly an und nickt. „Ja, alle Menschen haben einen Papa und eine Mama, sonst gäbe es uns ja nicht!“ (B) Lilly nickt. Sie rutscht von Melanies Schoß und sagt entschlossen: „Das sag ich Anni! Dass ich sauer bin und traurig, und dass sie lügt!“

So wie es bei Unsicherheiten zum Punkt C im Gespräch hilfreich ist, die Selbstoffenbarungsseite zu formulieren, um die Situation des Kindes zu erfassen, kann es bei Punkt B helfen, sich auf die Sachseite zu fokussieren, um die Hintergründe bzw. den Gesprächsanlass zu erfassen.

Mithilfe des **aktiven Zuhörens** bieten pädagogische Fachkräfte sich als eine Art „Hilfs-Ich“ an. Sie unterstützen Kinder dabei, ihre Gefühle zu erkennen, sie zu benennen und schließlich zu eigenen Strategien und Lösungen zu gelangen.

6.

Trennungskinder im Krippenalter unterstützen

Der Krippe kommt eine große Bedeutung für die Unterstützung der gesunden Entwicklung von Trennungskindern zu, indem sie der häuslichen Verunsicherung die Erfahrung von Stabilität durch Regelmäßigkeit und Zuverlässigkeit entgegensetzt.

Säuglinge und Kleinkinder brauchen eine regelmäßige, zuverlässige, wohlwollende und zugewandte Versorgung ihrer Bedürfnisse. Dazu gehört auch die Erfahrung, getragen und gehalten zu werden. Die Erfahrungen der ersten drei Lebensjahre bilden das Fundament unserer Persönlichkeit. Sigmund Freud, der Vater der Psychoanalyse, hat in diesem Zusammenhang einmal gesagt, psychologisch betrachtet sei das Kind der Vater des Erwachsenen (vgl. Freud 1977).

6.1 Das erste Lebensjahr

Psychologen benutzen das Bild einer „autistischen Schale", einer Reizschranke, die das Neugeborene etwa für die Zeit der ersten vier Wochen vor einer Überflutung durch äußere Reize schützt. Eltern erzählen immer wieder erstaunt und belustigt, dass das Neugeborene selbst dann nicht aufwacht, wenn sie unter der Wiege staubsaugen oder anderen Lärm machen. Das Baby fühlt sich als Einheit mit der Mutter oder seiner wichtigsten Bezugsperson. Wir alle kommen hilflos und abhängig auf die Welt. Unsere Wahrnehmung ist nur schwach entwickelt. Zunächst können wir nur schemenhaft sehen, noch nicht zwischen innen und außen, zwischen Psyche (Seele) und Soma (Körper) unterscheiden (siehe Seite 40f.), und wir haben keinerlei Zeitvorstellung.

Gefühle werden zunächst wenig differenziert als Lust- oder Unlustzustände wahrgenommen, von denen ein Baby anfangs nicht einmal weiß, ob sie jemals wieder aufhören. Lust bedeutet die Erfahrung von Sattsein, gestreichelt, getragen und gewickelt zu werden. Vor dem Hintergrund dessen, dass ein Säugling anfangs noch nicht zwischen innen und außen unterscheiden kann, bedeutet dieser Zustand aber auch: „ICH bin o.k." Ein Baby kann erst durch die regelmäßige und zuverlässige Beendigung seiner Unlustzustände nach und nach erkennen, dass die Befriedigung seiner Bedürfnisse von außen – von seinen Eltern – kommt.

> Die Entwicklungsaufgabe während des ersten Lebensjahres lässt sich als die Entwicklung von **Urvertrauen** (siehe Seite 40) beschreiben.

Trennen sich die Eltern während des ersten Lebensjahres, so bleiben Kinder in diesem Alter in der Regel bei der Mutter. Durch den zuverlässigen und regelmäßigen Kontakt zum Vater kann jedoch sichergestellt werden, dass ein so junges Trennungskind auch eine Bindung zu ihm entwickelt.

Psyche und Soma

Der Unterschied zwischen Psyche und Soma wird während des ersten Lebensjahres erst ganz allmählich über die Erfahrung der körperlichen Befriedigung von elementaren Bedürfnissen bewusst. Über das regelmäßige Erleben von Sattsein, gewickelt und getragen werden, öffnet sich nach und nach das Fenster zur Außenwelt.

Die Fähigkeit zur Differenzierung von innen und außen, Psyche und Soma, entwickelt sich im Laufe der ersten sechs Lebensjahre. Pädagogische Fachkräfte können beobachten, dass die **psychische Anspannung noch im Kindergartenalter körperlich abgeleitet** wird. Schmerzen werden allesamt im Bauchraum verortet, auch dann, wenn sich bei näherer Untersuchung zum Beispiel eine Mittelohrentzündung herausstellt.

Egozentrismus

In der sich erst allmählich entwickelnden Fähigkeit, zwischen sich selbst und seiner Umgebung unterscheiden zu können, liegt auch die Wurzel für das Phänomen des kindlichen Egozentrismus. Ein Baby *ist*, was ihm widerfährt. Es ist davon ganz und gar erfüllt, fokussiert auf seine Wahrnehmung. Diese Empfindung relativiert sich im Laufe der Zeit in dem Maße, wie es Kindern gelingt, sich selbst und die Welt zunehmend realistisch zu betrachten. Das bedeutet auch, dass **Kinder sich zunehmend selbst als von der Umwelt getrennt erleben.**

Bestimmte entwicklungsbedingte Erfahrungen, Vorstellungen oder Körper-Erinnerungen einer jeden Entwicklungsphase speichern wir in unserer Seele ab, sodass sie nicht verlorengehen, auch wenn uns das nicht jederzeit bewusst ist. Erleben wir Situationen als übermächtig, schmerzhaft oder sehr enttäuschend, dann fallen wir in dem Versuch, uns zu trösten, auf Mechanismen sehr früher Entwicklungsphasen zurück. Nichts anderes passiert zum Beispiel in der Pubertät, wenn sich Jugendliche schutzlos mit steigenden Erwartungen ihrer Umwelt konfrontiert sehen. Sie werden dünnhäutig, beziehen alles auf sich, kurz: Sie tauchen zurück in die egozentrische Sichtweise der ersten Lebenszeit. Dasselbe erleben Trennungskinder angesichts der sich verändernden Familienrealität, wenn mit ihnen nicht angemessen kommuniziert wird.

Sicherheit durch Urvertrauen

Wenn Unlust-Zustände regelmäßig und zuverlässig beendet werden, können Babys Vertrauen in ihre Umwelt, ihre Eltern und in die pädagogischen Fachkräfte entwickeln. Mit der Zeit weiß das Kind, dass da schon jemand kommen wird und sich dann um es kümmert. Es entwickelt Urvertrauen.

Dies heißt zugleich, dass es sich geliebt fühlen kann. Kinder, denen diese Erfahrung zu Beginn ihres Lebens versagt bleibt, können sich nicht geliebt, willkommen und geborgen fühlen. **Kinder im ersten Lebensjahr kann man nicht verwöhnen!** Es geht ausschließlich darum, ihnen die Erfahrung einer zuverlässigen, sicheren und vertrauensvollen Umgebung zu vermitteln. Frustrationen in Form von kleinen Wartezeiten ergeben sich im pädagogischen Alltag von selbst, sie müssen nicht in vermeintlich erzieherischer Absicht herbeigeführt werden.

Mit Urvertrauen bzw. einer sicheren Bindung haben Kinder viel mehr Energie, sich ihrer Umwelt – dem Spielzeug, dem Schäkern mit den Eltern und den pädagogischen Fachkräften – zuzuwenden, als andere Kinder, die um die Versorgung ihrer Grundbedürfnisse bangen müssen. **Kinder, die während ihres ersten Lebensjahres Urvertrauen erlangen konnten, beginnen ihr Leben mit Selbstvertrauen und Vertrauen in die Welt.**

Je nachdem, welche Erfahrung ein Kind im Zusammenhang mit der Bewältigung seiner jeweiligen Entwicklungsaufgaben macht, ob es wohlwollend unterstützt oder alleingelassen wird, ob ihm später zunehmend Selbstständigkeit zugesprochen oder wenig zugetraut wird, pflanzen sich diese frühen Erfahrungen ganz tief in unsere Persönlichkeit ein. Wie eine zur vielfachen Teilung bestimmte Zelle gehen sie niemals ganz verloren und prägen in Grundzügen unser Bild von uns selbst und von der Welt.

Natürlich begegnen Trennungseltern ihren Kindern im ersten Lebensjahr nicht feindselig. Sie machen nur gerade selbst eine Lebenskrise durch, die sie zeitweise sehr erschöpft. Kommen dann noch Konflikte mit dem Ex-Partner oder der Ex-Partnerin hinzu oder die Enttäuschung, verlassen worden zu sein, dann sind die Kräfte manchmal eben aufgebraucht. Eltern sind dann zwar grundsätzlich gute Eltern, doch aktuell und **vorübergehend emotional wenig verfügbar.** Das bekommen auch Krippenkinder mit. So sind sie dann genau in der Zeit **verunsichert,** in der sie so sehr auf Sicherheit und Stabilität angewiesen sind.

6.2 Pädagogische Angebote während des ersten Lebensjahres

Wie in den vorausgegangenen Kapiteln deutlich wurde, sollten alle Interaktionen zwischen einem Kind und einer pädagogischen Fachkraft während des ersten Lebensjahres darauf abzielen, dem Kind **Sicherheit und Kontinuität** zu vermitteln. Dazu eignen sich Rituale, Übergangsobjekte, die Wickelsituation sowie erste, kleine Bewegungsangebote und Angebote zur Sinneswahrnehmung besonders gut.

Übergangsobjekte

Als Übergangsobjekte werden Dinge wie ein Schnuffeltuch oder ein Kuscheltier bezeichnet, die für ein Kind im Krippenalter sein Zuhause repräsentieren. Viele Kinder lassen ihren Eltern und den pädagogischen Fachkräften gar keine Wahl – selbst, wenn es noch so fadenscheinig, unansehnlich und schmuddelig ist: Sie tragen das selbst erwählte Übergangsobjekt stets und ständig mit sich herum. **Ermuntern Sie gerade Trennungseltern, dies zu akzeptieren, ja, sogar zu fördern!** Und: Informieren Sie die Eltern, dass diese Objekte auf keinen Fall in die Waschmaschine dürfen, denn danach sind sie für das Kind oft unbrauchbar.

Auch ist der Eintritt in die Krippe keine gute Zeit, um Kinder von Schnuller oder Fläschchen zu entwöhnen, da diese das Kind beruhigen und ihm damit die Sicherheit geben, sich mit der verunsichernden Situation zu arrangieren.

Rituale

Dasselbe, das wir Eltern raten, gilt in abgewandelter Form für die Krippe und die pädagogischen Fachkräfte: Rituale haben sich in jeder Form bewährt. Dazu gehört es, ein Kind zuverlässig in der immer gleichbleibend freundlicher Weise zu begrüßen und zu verabschieden. Auch Tischsprüche zu den Mahlzeiten oder Lieder, Glockenklänge und Melodien, die das Ende der Spielzeit oder den Beginn der Schlafenszeit ankündigen, zählen dazu. Bei Trennungskindern ist es sicher sinnvoll, wenn pädagogische Fachkräfte noch eine Extra-Portion auf das Kind abgestimmte Rituale einbauen. Das kann ein spezielles Lied sein, ein Fingerspiel, ein ganz bestimmtes Lieblingslesebuch, das eine pädagogische Fachkraft regelmäßig exklusiv für dieses Kind einsetzt. **Vertrauen entsteht durch Vertrautes.**

Die Wickelsituation

Von großer Bedeutung ist auch die Wickelsituation, denn sie garantiert dem einzelnen Kind die **volle Aufmerksamkeit und Zuwendung** der pädagogischen Fachkraft. Wenn es irgendwie geht, sollte es bei Trennungskindern immer dieselbe Person sein, die das Kind wickelt und sich ihm aufmerksam und spielerisch zuwendet. Und es ist empfehlenswert, dass sich die Fachkraft dabei ruhig **etwas mehr Zeit als üblich lässt.** Die Eltern werden über diese kleinen Rituale beim Wickeln informiert. Handelt es sich um Körperspiele, Bewegungen, die mit Texten oder Liedern begleitet werden und an denen das Krippenkind Spaß hat, können Text und Anleitungen den Eltern ausgehändigt werden.

Rituale vermitteln gerade Trennungskindern im ersten Lebensjahr Sicherheit und setzen damit der Verunsicherung durch häusliche Veränderungen etwas ganz Profundes entgegen – vor allem auch mit Blick auf die Entwicklungsaufgabe der folgenden zwei Lebensjahre, in denen Kinder ihre Kraft brauchen, um erste Autonomie-Erfahrungen zu machen.

Körpererfahrungen

Die wenig ausgeprägte Differenzierung von Psyche und Soma ermöglicht es pädagogischen Fachkräften, über sanfte Massagen, das Schaukeln in der Hängematte oder einfache Melodien und Fingerspiele erheblich zum Wohlbefinden und damit zur erlebten Sicherheit eines

Kindes im ersten Lebensjahr beizutragen. Auch sollte das kindliche Bedürfnis nach Körperkontakt unbedingt wahrgenommen und befriedigt werden. Dazu finden sich viele Anregungen bei Renate Zimmer (2021). Trost sollte sich niemals auf verbalen Zuspruch beschränken. **Gehalten und getragen zu werden sind existenzielle Bedürfnisse von Kindern im ersten Lebensjahr.** Dessen sollten sich pädagogische Fachkräfte immer bewusst sein und professionell damit umgehen.

Die Praktikantin Nadine sagt:

„Ich mag Kinder so gern! Sie sind so niedlich. Deshalb will ich auch in der Krippe arbeiten, da kann ich den ganzen Tag mit den Kleinen kuscheln."

Dieses Beispiel zeigt sehr unrealistische Vorstellungen von der Arbeit in der Krippe. Die Aussage der Praktikantin spiegelt aus mangelnder Erfahrung heraus ihre egozentrische Motivation. Erfahrene Fachkräfte werden hier den Kopf schütteln, denn sie wissen, dass es nicht um die eigenen Bedürfnisse geht, sondern darum, die der Krippenkinder zu erkennen und darauf einzugehen. Sie wissen, dass es nicht darum geht, eine exklusive Beziehung zu den Kindern aufzubauen, sondern ihnen die notwendige Sicherheit zu vermitteln, damit sie aktiv autonom Erfahrungen sammeln können.

6.3 Das zweite und dritte Lebensjahr

Neben allen anderen Entwicklungsbereichen wie der Motorik und der Wahrnehmung schreitet während des zweiten und dritten Lebensjahres die psychosoziale Entwicklung von Kindern stark voran. Allmählich beginnen sie, sich selbst als eigenständige und wirksame Person zu begreifen.

Die Entwicklung des Ich

Während des zweiten Lebensjahres erleben sich Kinder langsam als getrennt von der Mutter bzw. ihrer sozialen Umwelt. Der Bewegungsradius erweitert sich durch das freie Laufen enorm. Im Unterschied zum ersten Lebensjahr, wo Kinder in der Krippe in der sozialen Wahrnehmung noch sehr begrenzt sind, nehmen sie die anderen Kinder zunehmend als Interaktionspartner und -partnerinnen wahr.

War die Aufmerksamkeit während des ersten Lebensjahres noch stark auf die Erfüllung der Grundbedürfnisse und auf diejenigen fokussiert, die sie befriedigen können – so sehr, dass die emotionale Bindung an die Eltern Kleinkinder ausfüllt und wenig Platz für anderes lässt –, öffnet sich die Tür nach außen nun immer weiter. Und so geraten auch die anderen

Kinder in der Krippengruppe in den Blick. Da sich Kinder im Krippenalter allmählich als **psychisch getrennt von ihrer sozialen Umwelt** erleben, entwickeln sie auch ein Gefühl für ihre eigenen Grenzen. Diese erleben sie noch in erster Linie als körperliche Grenzen. Sie erleben sich selbst als jemanden, der sich von den anderen unterscheidet. Irgendwann in dieser Zeit nennen sich Kinder selbst beim Namen, sprechen von sich in der dritten Person. „Jan auch …!" Die Kinder in dieser Altersspanne erfahren Selbsttätigkeit im Spiel und werden sich mehr und mehr ihrer Körperfunktionen bewusst.

Autonomie und Sauberkeitsentwicklung

Während des zweiten und dritten Lebensjahres geht es um die Entwicklung von **Autonomie** – und zwar in allen Entwicklungsbereichen.

Die Entwicklung von Autonomie umfasst alles Bereiche – sei es emotional, sodass Kinder zunehmend längere Zeiten ohne die Eltern aushalten können, oder motorisch, bis hin zur Kontrolle der Ausscheidungsprozesse, landläufig als Sauberkeitsentwicklung bezeichnet. In der Regel sind Kinder innerhalb des vierten Lebensjahres dazu in der Lage, zumindest tagsüber auf eine Windel zu verzichten.

Diese Entwicklungsfortschritte vollziehen sich allesamt in der Beziehung zu den Eltern – und hier besonders zur Mutter oder zur primären Bezugsperson. Besonders deutlich wird dies, wenn Kleinkinder ihren Eltern irgendwann stolz den Inhalt ihres Töpfchens präsentieren. Sigmund Freud hat in diesem Zusammenhang die psychologische Gleichung „Fäces = Geschenk" aufgestellt. Demnach macht ein Kleinkind, das gerade trocken wird, dies zunächst als Geschenk für die Mutter. Zugleich ist es stolz darauf, diese Ausscheidungen autonom, also selbstständig erbracht zu haben.

Vor diesem Hintergrund leuchtet es auch ein, warum Kinder zuhause manchmal tagsüber schon trocken sind, in der Krippe jedoch nach wie vor eine Windel brauchen. **Entwicklung und Erziehung vollziehen sich also von Anfang an in Beziehung.** Im Idealfall handelt es sich um eine beständige und berechenbare Beziehung.

Fachkräfte in der Krippe werden beobachten, dass Kinder sich irgendwann nicht nur an die Bezugserzieherin aus der ersten Zeit wenden, wenn sie auf die Toilette müssen. Benötigen sie Unterstützung, haben Kinder irgendwann so viel Vertrauen in die Erwachsenen der Gruppe, dass sie diejenigen ansprechen, die gerade in der Nähe sind. Dies darf ein Team als großen Erfolg seiner pädagogischen Arbeit werten!

Diese Entwicklung wird nämlich durch eine zuverlässige Bindung an die begleitenden Erwachsenen unterstützt bzw. ermöglicht. Die empathische Begleitung der Entwicklungsfortschritte durch die pädagogischen Fachkräfte, die sich mitfreuen oder trösten, geben gerade Trennungskindern die so wichtige Sicherheit und Stabilität.

6.4 Pädagogische Angebote während des zweiten und dritten Lebensjahres

Auch, wenn Zwei- und Dreijährige schon sicher laufen und sich damit ihr Bewegungsradius enorm vergrößert, sind sie noch stark auf Regelmäßigkeit und Zuverlässigkeit angewiesen. Rituale sowie die Gestaltung der Wickelsituationen sind nach wie vor wichtig. Diese Situationen sollten mit dem Fortschreiten der Fähigkeiten anspruchsvoller gestaltet und den individuellen Vorlieben und Fähigkeiten der Kinder angepasst werden. Die pädagogische Herausforderung während dieser Zeit besteht darin, angemessene Freiräume zu schaffen, in denen Kinder sich und ihre Möglichkeiten ausprobieren können.

Rituale

Rituale behalten bis zur Einschulung eine wichtige Bedeutung für Trennungskinder, weil sie Regelmäßigkeit und damit Sicherheit vermitteln. Dazu gehören Begrüßungen und Verabschiedungen sowie der Morgenkreis mit dem immer selben Lied, Klatsch- oder Bewegungsspiel. Trennungskinder kommen möglicherweise gerade aus einer konfliktbeladenen häuslichen Atmosphäre, die sie verunsichert. Die vertrauten Rituale setzen ihrer Verunsicherung Sicherheit und Halt entgegen. Dasselbe gilt für Rituale des gemeinsamen Aufräumens und für gemeinsame Mahlzeiten. Hier geht es weniger um Inhalte als um die **Erfahrung von Wiederholung.**

Bilderbuchbetrachtungen

Im Gegensatz zum ersten Lebensjahr werden differenziertere Bilderbücher interessanter. Hier empfiehlt es sich, für Trennungskinder das Thema „Familie“ und „Das bin ich“ aufzugreifen.

Bewegungsangebote

Für Trennungskinder sind Bewegungsangebote sehr wichtig, weil sie ein angemessenes Körperschema und damit auch ein Gefühl für die eigenen Grenzen erfahrbar machen. Es fördert die gesunde Entwicklung, wenn Kinder dieses Alters erleben, dass sie manches können und für anderes noch Hilfe benötigen, weil sie noch klein sind.

Wichtig sind auch Bewegungsangebote, die das Gefühl, gehalten und getragen zu werden, vermitteln. Dazu eignen sich zum Beispiel das Schaukeln in der Nestschaukel, Spiele wie das Hin- und Herrollen auf demTrampolin oder das Schaukeln in der Hängematte.

Angebote zur Erfahrung von Autonomie

Im Sommer sollten sich gerade Trennungskinder beim Erlernen des freien Laufens draußen ohne Windel bewegen können. Matschen und Wasserspiele sind gut geeignet, um die so wichtige Selbstwirksamkeit als Kind unmittelbar erleben zu können. Im Winter können das Bewegungslandschaften sein, die dazu herausfordern, sich klein oder groß zu machen.

Bewegungsspiele vor dem Spiegel, die sich mit den Körperteilen beschäftigen und Bewegung zu einfachen Liedern zum Thema „Das bin ich" fördern die Entwicklung eines realistischen Selbstbildes.

Insgesamt sind all diese Angebote gerade für Trennungskinder enorm wichtig, weil sie das Selbstbewusstsein im wahren Wortsinn und eine realistische Vorstellung von der eigenen, kindlichen Position im sozialen Gefüge fördern.

6.5 Wenn ein Elternteil fehlt

In meinen Beratungen habe ich eine Mutter kennengelernt, die sich schon lange vor der Geburt ihres Kindes vom Kindesvater, einer Urlaubsliebe in einem anderen Land, getrennt hat. Sie hat ein von ihr so genanntes „Papa-Buch" gestaltet, in dem sie Fotos und Informationen über den Vater ihres Kindes gesammelt hat. Dieses Buch hat sie zusammen mit ihrer kleinen Tochter häufig angesehen, was dem Mädchen von Anfang an vermittelt hat, auch einen Papa und damit männliche Wurzeln zu haben – genau wie alle anderen Kinder.

Diese Idee können pädagogische Fachkräfte bei der Gestaltung der Infothek (siehe Seite 80) zum Thema Elterntrennung aufnehmen. Beim Aufnahmegespräch ist es wichtig, auch Informationen darüber einzuholen, ob der andere Elternteil sich in die Erziehung und Betreuung des Kindes einbringt. Sollte dies nicht der Fall sein, können die Fachkräfte auf die Infothek hinweisen und um Informationen etwa zum Aussehen, zur Nationalität oder zum Beruf des Vaters oder der Mutter bitten. Sie können Eltern darüber informieren, dass das Thema Familie im Sinne von „Wo komme ich her?" schon in der Krippe für die Kinder wichtig ist und es sich bewährt hat, wenn pädagogische Fachkräfte diese Informationen dann beiläufig einstreuen können.

7.

Der Umgang mit Trennungskindern im Kindergartenalter

Wie schon in der Krippe stellt der zuverlässige und vertraute, strukturierte Ablauf eines Kindergartentages ein wichtiges Gegengewicht zum zeitweise starken Veränderungen unterworfenen Familienalltag des Kindes dar.

7.1 Kinder von drei bis sechs Jahren

Für Trennungskinder sollte der Fokus auf der pädagogischen Unterstützung eines realistischen Selbstbildes liegen, denn dies wirkt dem für diese Altersgruppe typischen sogenannten „magischen Denken“ entgegen. Das ist, wie wir sehen werden, vor allem im Hinblick auf die Korrektur entwicklungsbedingter Schuldgefühle wichtig.

Körperliche und psychische Empfindungen

Die noch immer enge Verwobenheit von Psyche und Soma bei Kindern im Kindergartenalter bewirkt, dass sich psychische Erregungs- oder Spannungszustände auch körperlich niederschlagen. Das gibt pädagogischen Fachkräften die Möglichkeit, das „Pferd von hinten aufzuzäumen“. Damit ist gemeint: Gerade auch Trennungskinder werden zur **motorischen Abfuhr psychischer Spannungszustände** angeregt. Dies bedeutet auch, kleine Bewegungsmuffel vom Maltisch weg nach draußen oder in den Bewegungsraum zu locken. Auch hier finden sich viele Anregungen bei R. Zimmer (2011).

Ein realistisches Bild von sich selbst entwickeln

Die Herausforderungen für Kinder in dieser Entwicklungsphase bestehen darin, ein realistisches Bild von sich als Kind im Verhältnis zu den Erwachsenen zu bekommen und zu begreifen, dass sie zu genauso einem Erwachsenen heranwachsen werden wie ihre Eltern – mit all den Befugnissen, die Erwachsene in unserer Gesellschaft Kindern nun einmal voraushaben.

Für uns Erwachsene ist es selbstverständlich, dass wir alle einmal Kinder waren und unsere Entwicklung zu diesem Zeitpunkt keineswegs abgeschlossen war. Doch für Kinder, deren Zeitgefühl sich erst ganz allmählich entwickelt und die erst mit drei Jahren damit beginnen, ein realistischeres Bild von sich selbst zu entwickeln, ist es eine Entwicklungsaufgabe, sich selbst als „im Wachsen begriffen“ zu verstehen. Dies äußert sich dann in Sätzen wie: „Wenn ich mal groß bin …“

Das „magische Denken"

Das sogenannte „magische Denken" ist charakteristisch für das Kindergartenalter. Ein Beispiel: Drei Kinder stehen vor einer roten Ampel, zeigen darauf und beschwören sie, auf Grün zu wechseln. Gelingt das unmittelbar, fühlen sie sich so, als hätten sie das allein durch ihren Wunsch hinbekommen.

Mit der Zeit wird das Selbstbild dieser Altersgruppe zunehmend realistischer. Das ist frustrierend, weil sich der Höhenrausch aus der Zeit des Laufenlernens einfach nicht mehr aufrechterhalten lässt. Immer wieder sind die Kinder dann mit den Grenzen ihrer Kräfte und ihrer Wünsche konfrontiert, ganz besonders im Umgang mit den erwachsenen Bezugspersonen. Da schafft das magische Denken einen Ausgleich zu diesen Unterlegenheitserfahrungen.

Die Eltern als Vorbilder für die geschlechtliche Identität

Kindergartenkinder nehmen ihre geschlechtlichen Merkmale und die Unterschiede zum anderen Geschlecht bewusst wahr. In Doktorspielen widmen sie sich der Erforschung ihrer geschlechtlichen Zugehörigkeit. Sie beginnen eine Vorstellung davon zu entwickeln, dass sie wachsen und selbst einmal eine erwachsene Frau oder ein Mann sein werden. Das probieren sie dann in den für diese Altersgruppe typischen Rollenspielen aus.

Ihre Vorbilder sind natürlich ihre Eltern. Deren Verhalten entnehmen kleine Mädchen, wie sich eine erwachsene Frau, also ihre Mutter, verhält. Der Vater dient umgekehrt dem Jungen als Rollenvorbild für einen erwachsenen Mann.

Beide Eltern dienen darüber hinaus als Vorbild dafür, wie Männer und Frauen miteinander umgehen, wenn sie in einer Liebesbeziehung sind. Eine äußerst kränkende Erfahrung ist es für Drei- bis Sechsjährige, aus der Paarbeziehung zwischen den Eltern ausgeschlossen zu sein – im Sinne ihrer gesunden Entwicklung ausgeschlossen sein zu müssen. Jungen vergleichen und messen sie sich mit dem Vater, sie konkurrieren mit ihm um die Gunst und die Liebe der Mutter, bei Mädchen gilt dasselbe für die Mutter als Vorbild. Fragt man dreijährige Jungen danach, wen sie einmal heiraten wollen, dann antworten sie fast durchweg: „Meine Mama." Und kleine Mädchen sagen: „Meinen Papa natürlich!" Damit gehen sie eine Rivalität ein, aus der sie nur als Verlierer hervorgehen können. Das ist natürlich unglaublich frustrierend.

Frustration bedeutet Enttäuschung. Kinder erleben Enttäuschungen als Unlustzustand. Werden ihre Bedürfnisse erfüllt, so fühlen sie sich wohl. Werden ihre Bedürfnisse enttäuscht (frustriert), so erleben sie das als unangenehm. Zu Beginn unseres Lebens unterscheiden wir nur zwischen diesen beiden Zuständen. Erst durch die fortschreitenden Fähigkeiten in allen Entwicklungsbereichen und durch die Erfahrung, dass ihre Bedürfnisse letztlich erfüllt werden, erleben kleine Kinder diese Unlustzustände nach und nach als immer weniger bedrohlich. Sie erlernen allmählich, unvermeidliche Frustrationen wie zum Beispiel kleine Wartezeiten auszuhalten. Beides – sowohl die grundsätzlich bedürfnisorientierte Pädagogik als auch Frustrationen – ist nötig, damit ein Kind sich gesund entwickeln kann.

An diesem Punkt fallen die Kinder immer wieder einmal vom Olymp ihrer magischen Größenfantasien auf die Realität ihres Kindseins zurück. So wundert es nicht, dass Kinder dieses Alters sehr leicht zu kränken sind. In ihrem Innern pendeln sie zwischen den Polen des kleinkindhaften Größenwahns und der frustrierenden Wirklichkeit, die dem nicht mehr standhalten kann.

Um diesen Zustand zu beenden, bedient sich die kindliche Seele gegen Ende dieser Entwicklungsphase schließlich eines Tricks: Bildlich gesprochen erkennt sie die väterliche oder mütterliche Überlegenheit sowie die Tatsache an, als Kind aus der erwachsenen Paarbeziehung ausgeschlossen zu sein. Würde ein fünfjähriger Junge sein diffuses Empfinden in Worte fassen können, dann würde er vielleicht sagen: „Wenn ich Papa schon nicht von der Seite meiner Mama verdrängen kann, dann will ich, wenn ich einmal groß bin, wenigstens einmal genauso werden wie er. Dann wird Mama mich nämlich genauso liebhaben und behandeln wie ihn jetzt." Dasselbe gilt umgekehrt für Mädchen genauso. Dieser „Trick" erlaubt es dem Kind, die Konkurrenz um den gegengeschlechtlichen Elternteil zu beenden. Auf diese Weise erspart es sich weitere Kränkungen und stellt die Liebe zu beiden Elternteilen sicher.

Rollenspiele – So tun, als ob

Im Rollenspiel probieren Kindergartenkinder aus, wie es sich anfühlt, ein erwachsener Mann oder eine erwachsene Frau zu sein. Die Puppenecke ist die wohl am häufigsten frequentierte Spielzone in dieser Zeit. Dort spielen die Kinder dann häusliche Alltagsszenen nach – in den zeitlos aktuellen „Mutter-Vater-Kind-Spielen". Auch Verkleidungskisten erfreuen sich großer Beliebtheit. Mädchen tasten sich als „feine Dame", Braut oder Tänzerin an ihre erwachsenen Vorbilder heran, während Jungen unverändert an Verkleidungen als Ritter, Polizist oder Bauarbeiter interessiert sind. Es sind Extreme, Klischeevorstellungen vom Erwachsensein, die da häufig nachgespielt und ausprobiert werden. Mädchen lieben Rosa und Pink, Jungen Fantasiefiguren wie zum Beispiel Superman.

Kinder dieses Alters brauchen solche Extreme, um sich in ihrer Unsicherheit zu schützen. Vor dem Hintergrund des magischen Denkens verleihen ihnen diese Vorstellungen Kräfte, die sie ihrer Verunsicherung durch die Wirklichkeit entgegensetzen – der Verunsicherung, ob sie den Erwartungen an ihre jeweilige Geschlechterrolle gerecht werden können. Diese Unsicherheit führt auch dazu, dass sich Jungen und Mädchen dieses Alters in der Regel gleichgeschlechtlichen Spielgruppen zuwenden. Jungen haben meistens Jungenfreundschaften und Mädchen sind mit Mädchen befreundet.

Grenzen – eine Konfrontation mit der Realität

Für Kinder im Kindergartenalter bedeutet die Erfahrung von Grenzen eine Konfrontation mit der Realität. Dies ist so wichtig, weil wir seelische Gesundheit an der Fähigkeit von Menschen messen, die Realität zu erfassen und sich entsprechend zu verhalten.

Zwangsläufig kollidiert das magische Denken mit den Grenzen der Realität. Wenn ich mir vor dem Essen – genauso wie alle anderen Kinder meiner Gruppe auch – die Hände waschen muss, obwohl ich gerade noch wie Batman mit ausgebreiteten Armen durch die Gruppe geflogen bin, dann werde ich vom Riesen meiner grandiosen Träume auf den Zwerg der Wirklichkeit zurückgestutzt. Das ist enttäuschend, und gerade diese Enttäuschung braucht es, damit Kinder auch die Grenzen ihrer Verantwortung erkennen können. Dies ist gerade für Trennungskinder die Voraussetzung für die Erkenntnis, dass sie an der Elterntrennung keine Schuld haben.

7.2 Die besondere Bedeutung einer Elterntrennung für Kindergartenkinder

Trennungskinder im Kindergartenalter kann die Ambivalenz dem gleichgeschlechtlichen Elternteil gegenüber in eine große Krise stürzen. Natürlich lieben auch sie beide Eltern, doch wenn dann der Vater eines kleinen Jungen auszieht, weil sich seine Eltern trennen, ist er hin- und hergerissen zwischen seinem im entwicklungspsychologischen Sinn „größenwahnsinnigen Triumph" in seiner Konkurrenz um die Gunst der Mutter und dem damit einhergehenden Schuldgefühl, Nutznießer der Trennung zu sein sowie seiner Verunsicherung und dem Vermissen des Vaters im Alltag.

Die Mutter des fünfjährigen Anton berichtet:

„Ein paar Tage, nachdem sein Vater ausgezogen war, sagte Anton: ‚Mama, jetzt bin ich dein Mann!' Er zog einen Rollkoffer mit Spielsachen hinter sich her durch den Flur, um vor dem ehemaligen Arbeitszimmer seines Vaters stehenzubleiben. ‚Das ist jetzt mein Zimmer!', verkündete er energisch. Gleich nachdem sein Vater weg war, hatte er schon dessen Platz am Tisch eingenommen, und am nächsten Abend seine wichtigsten Kuscheltiere auf der Bettseite seines Vaters abgeladen, denn da wollte er fortan schlafen. Ich konnte mir ein Lachen kaum verkneifen ... das darf ja wohl nicht wahr sein. Anton denkt doch nicht allen Ernstes, er könne seinen Vater ersetzen!"

So oder ähnlich lauten Berichte von Trennungsmüttern mit kleinen Jungen im Kindergartenalter. Es sind überwiegend Mütter, die nach einer Trennung mit den kleineren Kindern zusammenleben. Das ändert sich laut Statistik ein wenig im Schulalter. Auch, wenn der Anteil alleinerziehender Väter von Kindern im Kindergartenalter deutlich geringer ist als der von Müttern, berichten Väter von ganz ähnlichen Beobachtungen, wenn sie Zeit mit ihren kleinen Töchtern verbringen. Das klingt dann etwa so:

Der Vater der fünfeinhalbjährigen Sophie berichtet:

„Immer, wenn Sophie am Wochenende bei mir ist, will sie Vater-Mutter-Kind mit mir spielen. Ich muss dann so tun, als käme ich von der Arbeit nach Hause. Sie deckt den Tisch, ihr Teddy ist das Kind, und ich muss dann beide mit einem Kuss begrüßen, so wie früher, als das bei uns noch so war. Dann fragt sie mich, wie denn meine Arbeit war und ob ich einen guten Tag hatte. Sie nennt mich ‚Schatz'. Letztens hat sie allen Ernstes vorgeschlagen, jetzt, da ich doch allein lebe, da könne sie doch gut meine Frau sein ... richtig niedlich ..."

Am Beispiel von Anton können wir den entwicklungsbedingten Triumph eines Kindes im Kindergartenalter darüber nachvollziehen, dass es nun, da der Vater ausgezogen ist, die Position des Mannes an der Seite seiner Mutter einnehmen könnte. Seine magisch-grandiose Seite lässt ihn glauben, er sei als Sieger aus der Konkurrenz mit dem Vater hervorgegangen, er sei es, der ihn vertrieben habe. Das äußert sich dann darin, dass er den Platz des Vaters am Tisch, in dessen Arbeitszimmer und auch im ehemaligen Ehebett einnehmen will. Dasselbe gilt für Sophie, die im Rollenspiel häusliche Szenen einer Partnerschaft in der Familie nachstellt und ihrem getrenntlebenden Vater anbietet, nun könne doch sie die Frau an seiner Seite sein.

Während, wie wir gesehen haben, das Erleben des Kindes durch seine Ambivalenz zwischen schlechtem Gewissen, Angst und magischem Größenwahn charakterisiert ist, kommen auf Elternseite Unsicherheiten, Ängste und Missverständnisse hinzu. Sowohl die Mutter von Anton als auch der Vater von Sophie waren irritiert und belustigt über das überzogene Verhalten ihrer Kinder. Sie konnten den Zusammenhang mit der Trennung deutlich wahrnehmen, waren jedoch ratlos, wie sie darauf reagieren könnten, ohne ihr Kind zu enttäuschen oder gar zu verletzen. Entwicklungsbedingt füttert eine Elterntrennung das, was ein Kind gerade im Sinne seiner gesunden Entwicklung überwinden muss, nämlich den aus dem magischen Denken resultierenden Größenwahn.

Angemessene Unterstützung bei der Bewältigung der Entwicklungsaufgaben bedeutet nun, **irrationalen kindlichen Schuldgefühlen entschieden entgegenzuwirken** und Kindern dabei zu helfen, einen realistischen, ihrem Alter angemessenen Platz im sozialen Gefüge zu finden. Anders ausgedrückt brauchen gerade Kindergartenkinder Grenzen, innerhalb derer sie sicher sind, sich ausprobieren, an denen sie sich reiben und ein realistisches Bild von sich selbst und ihren Möglichkeiten entwickeln können.

Bleiben diese Grenzen aus, dann öffnet dies Allmachtsfantasien und Schuldgefühlen Tür und Tor, sodass dann eine Trennung in diesem frühen Stadium eine Überforderung darstellt, die sich schlimmstenfalls zu einem Entwicklungstrauma (siehe Seite 16) auswachsen kann. Vor allem deshalb, weil dadurch die Beziehung zu beiden Eltern von unrealistischen Erwartungen geprägt ist.

Gegensteuern kann der Alltagselternteil, indem er mit den Kindern die neue Sitzordnung bei Tisch bespricht oder einen Stuhl entfernt. Gemeinsam könnte die Ein-Eltern-Familie überlegen, das ehemalige Arbeitszimmer um- und auszugestalten – vielleicht als Gäste- oder Spielzimmer. Die Mutter kann dem Kind erklären, dass es zwar jederzeit zu ihr ins Bett kommen kann, wenn es schlecht geträumt hat oder ihre Nähe braucht, dass das Kind jedoch zunächst in seinem eigenen Bett einschlafen muss. In Gesprächen können beide Eltern mit den Kindern Zukunftsperspektiven entwickeln, damit sie eine Vorstellung davon bekommen, dass sie auch einmal groß und erwachsen sein werden. Das können Gesprächsanlässe oder Geschichten zum Thema „Wenn ich einmal groß bin …“ sein. Dies alles entlastet Kinder und reduziert mögliche zusätzliche Überforderungen.

Eltern kann man nur raten, sich ihrer erwachsenen Rolle sehr bewusst zu sein. Sie sollten gerade in Trennungssituationen im Umgang mit ihren Kindern darauf achten, in ihrer Elternrolle zu bleiben und dem Kind entsprechende **Grenzen setzen,** aber auch die **Vorteile dieses Unterschiedes** betonen, indem sie etwa sagen: „Ich bin deine Mama/dein Papa, und weil ich groß bin, passe ich auf dich auf.“

Kontraindiziert ist jedes elterliche Verhalten, das die Ebenen von Erwachsenen und Kindern vermischt. Sich beim Kind über den Partner zu beklagen und sich vom Kind trösten zu lassen, stellt eine Überforderung für ein Kind im Kindergartenalter dar.

Auch für die Erlangung einer geschlechtlichen Identität – eine der zentralen Herausforderungen in diesem Alter – kann eine Trennung ein herber Rückschlag sein. Kinder stellen sich die Frage, ob die Mutter/der Vater sie denn noch als Jungen/als Mädchen lieben kann, wenn sich die Eltern nicht mehr lieben.

Für die pädagogischen Fachkräfte bedeutet dies, die Kinder mit ihrem So-Sein in ihrer geschlechtlichen Identität zu bestärken. Das kann dann folgendermaßen klingen:

> Die **vierjährige Sarah** bittet die sozialpädagogische Assistentin darum, ihr Zöpfe zu flechten. Diese kommt ihrer Bitte gerne nach und bewundert ihre wunderschönen, weichen Haare. Sie sagt zu Sarah: „Wenn du jetzt schon so hübsch bist, wird bestimmt eine wunderschöne Frau aus dir, wenn du einmal groß bist.“
> Der **fünfjährige Jonas** tröstet und streichelt sein Kuscheltier, das ihm auf den Boden gefallen war. Die Erzieherin sieht das und sagt ihm, wie prima sie es findet, dass er ein so fürsorglicher Junge ist. Wenn er einmal ein erwachsener Mann ist, dann wird er sicher ein wundervoller Vater.

7.3 Pädagogische Angebote für drei- bis sechsjährige Trennungskinder

Grundsätzlich zielen auch die pädagogischen Angebote im Kindergarten darauf ab, gerade Trennungskindern Stabilität und Zuverlässigkeit zu vermitteln und der häuslichen Unsicherheit entgegenzusetzen. Im Kindergarten geschieht dies dadurch, dass sich die Kinder willkommen und durch die pädagogischen Fachkräfte wahrgenommen fühlen. Rituale wie der Morgenkreis und die bewusste Strukturierung des Kita-Tages bieten gerade Trennungskindern Sicherheit. Aber auch Grenzen und Gruppenregeln sind enorm wichtig. Nicht selten sind Trennungseltern vorübergehend aus ihrer zwangsläufigen Erschöpfung und einem schlechten Gewissen heraus nur schwer in der Lage, angemessene Grenzen zu setzen und einzuhalten. Umso wichtiger ist es dann, dass Trennungskinder diese Erfahrung in der Kita machen können.

Bilderbücher, Stehgreif-Geschichten und Projekte zum Thema Elterntrennung, Puppenspiele, in denen sich Trennungskinder abgrenzen und angemessene Haltungen ausprobieren können, sind ebenso wichtige Angebote wie Bewegung und frische Luft.

Die Begrüßung – Ankommen

Dinge, die Laien vielleicht als bedeutungslose Randerscheinungen wahrnehmen, bekommen für die pädagogische Arbeit mit Trennungskindern eine enorme Bedeutung. Dazu gehört die freundliche, zugewandte Begrüßung des Kindes. Egal, was zuhause gerade passiert, hier ist das Kind willkommen. Es wird mit seinem Namen angesprochen und in das laufende Geschehen eingefädelt. Hier gibt es einen **verlässlich strukturierten Tagesablauf** mit Möglichkeiten und Pflichten.

Die Erzieherin Margit begrüßt Jonas:

„Guten Morgen, Jonas, schön, dass du da bist. Tim und Ben haben schon nach dir gefragt. Sie sind auf dem Bauteppich."

Der Erzieher Daniel begrüßt Laura:

„Guten Morgen, Laura, schön, dass du wieder da bist. Das war ja schade, dass du diese dumme Erkältung hattest! Geht's dir wieder gut? Schau mal, Lilly und Carolin frühstücken gerade. Magst du dich dazusetzen? Die freuen sich bestimmt."

Der Morgenkreis

Der Morgenkreis eignet sich ganz besonders, damit auch Trennungskinder wieder in der **Normalität des Alltags** andocken können. Insbesondere der Montag, an dem es in den Kitas nach den Erlebnissen des Wochenendes besonders unruhig ist, bietet sich an, um Trennungskinder in den Alltag zurückzuholen. So können pädagogische Fachkräfte den Einstieg in den Morgenkreis in Form einer Geschichte wählen, in der ein kindlicher Protagonist oder eine Protagonistin vom getrenntlebenden Elternteil zurückkehrt. Daran anschließen kann sich eine Runde mit dem Sprechstein, in der alle Kinder von ihren Erlebnissen am Wochenende berichten.

Die Struktur des Kita-Tages

Die sich wiederholende Struktur der Kita-Tage stellt in ihrer Regelmäßigkeit einen stabilisierenden Faktor unschätzbaren Werts für Trennungskinder dar. Sieht der Wochenplan an bestimmten Tagen regelmäßig wiederkehrende Angebote wie Schwimmen oder Turnen vor, so hat es sich bewährt, die in Trennung lebenden Eltern beim Abholen noch einmal daran zu erinnern. Das hilft auch dem Kind, sich darauf einzustellen.

Manchmal sind Eltern in Trennung aufgrund ihrer besonderen Erschöpfung vergesslich. Da kann es hilfreich sein, Turnzeug oder Schwimmsachen zusammen mit der Wechselkleidung in der Einrichtung zu deponieren.

Grenzen geben Sicherheit

Grenzen schränken ein, sie geben jedoch auch die Sicherheit, die gerade Trennungskinder brauchen. Der Versuch, Vater oder Mutter an der Seite des ausgezogenen Elternteils zu ersetzen, ist der Versuch einer Verschiebung der Grenzen zwischen Eltern und Kind, zwischen der Rolle als Kind und der des Erwachsenen. Umso wichtiger ist die gleichbleibende Erfahrung im Kindergarten, in die altersangemessenen Grenzen zurückverwiesen zu werden. Während der Stunden in der Kita kann das Kind spielen, lernen, ausprobieren und altersgerechte Verantwortung für sich selbst übernehmen. Hellhörig und sensibel sollten pädagogische Fachkräfte auf Wünsche von Trennungskindern achten, die darauf abzielen, Führungsrollen oder Aufgaben zu übernehmen, die ihr Verantwortungsgefühl steigern. Auch, wenn wir enttäuschen, indem wir sie auf den Boden der Realität zurückholen, **entlasten wir Trennungskinder.** Schließlich ermöglichen wir ihnen so die Erfahrung, genauso ein Kind wie alle anderen zu sein.

Gruppenregeln

Gruppenregeln gewährleisten eine Struktur, die für alle Kinder gleichermaßen verbindlich ist. Sie gelten unabhängig von den Launen der Erwachsenen. Alle pädagogischen Fachkräfte kennen Situationen, in denen ein Kind sich weigert, sich regelkonform zu verhalten. Vielleicht mault es, scharrt trotzig mit den Füßen und macht seinen Unmut an der pädagogischen Fachkraft fest: „Blöde Maria …!“ Das können Sie zum Anlass nehmen, ihm zu erklären, dass diese Regel für alle gilt und Sie sich das nicht gerade ausgedacht haben, um das Kind zu ärgern. Das **entlastet ein Kind** und lässt keinen Raum für magisches, irrationales, egozentrisches Denken.

Pflichten und Routinen

Zu den altersgerechten Pflichten in der Kita zählen zum Beispiel, das benutzte Frühstücksgeschirr auf den Servierwagen zu stellen, nach den Mahlzeiten die Zähne zu putzen und nach dem Konstruktionsspiel den Bauteppich wieder aufzuräumen. Auch die Verhandlungen mit den pädagogischen Fachkräften darüber, ob ein Arbeitsergebnis noch eine Weile stehenbleiben kann oder abgeräumt werden muss – all das sind Übungen, sowohl für sich selbst als Kind als auch für die Gemeinschaft Verantwortung zu übernehmen. Es sind Routinen, die die Kinder erden und den zeitweise verunsichernden Veränderungen in der Familie **Stabilität und Sicherheit** entgegensetzen.

Bewegung und frische Luft

So banal wie es klingen mag, nicht nur in Städten ist es eine wichtige Aufgabe der Kitas, Kindern Bewegung in der Natur und an der frischen Luft zu ermöglichen. So erfahren Kindern die Jahreszeiten, das Wetter, die stete Veränderung und die Wiederholung im Jahreslauf. Auf diese Weise wird der Wandel erfahrbar, die Erfahrung, dass nichts immer gleichbleibt, dass das Leben Veränderung ist.

Auch im Kindergartenalter werden Seele und Körper noch nicht als vollkommen voneinander getrennt erlebt. Wenn ein Kind dieses Alters sich freut, dann tut es das mit dem ganzen Körper, indem es etwa hüpft und zappelt. Hier gilt noch dasselbe wie für die Krippenkinder. Sorgen Sie also dafür, dass ein psychisch belastetes Kind sich an der frischen Luft bewegt, matscht, pflanzt, hegt oder tobt; so unterstützen Sie wirkungsvoll sein **seelisches Gleichgewicht.**

Bilderbücher als Gesprächsanlässe

Bilderbücher bieten Gesprächsanlässe zum Thema Schuld, Streiten, Gefühle, vom Umgang mit Wut, von den Unterschieden zwischen Jungen und Mädchen und vom Kleinsein und Großwerden. Damit sind alle für diese Altersgruppe wichtigen Themen eingekreist, von deren Bearbeitung Trennungskinder ganz besonders profitieren.

Pädagogische Fachkräfte können die Kinder und ihre Äußerungen aufmerksam beobachten und dann speziell den Trennungskindern Bilderbücher vorlesen, in denen es um Facetten einer Elterntrennung geht. Natürlich können auch die anderen Kinder daran teilnehmen, doch ist es zunächst ein gutes Mittel, Kinderäußerungen aufzugreifen und ein konkret darauf zugeschnittenes Buch auszuwählen bzw. vorzuschlagen. Ein solcher **Gesprächsanlass** kann mittels des aktiven Zuhörens (siehe Seite 35) gestaltet werden, indem zum Beispiel folgendermaßen auf die Mitteilungen der Kinder reagiert wird: „Habe ich es richtig verstanden, dass ihr beide, Joel und Tina, jeweils bei eurem Papa wart? – Wisst ihr, ich habe ein Bilderbuch gefunden, in dem auch ein Kind jedes zweite Wochenende bei seinem Papa ist. Soll ich das mal vorlesen?“ Auf meinem Blog (www.trennungskinder.blog) finden sich regelmäßig Rezensionen und Empfehlungen von geeigneten Bilderbüchern.

Stehgreif-Geschichten

Eine bewährte, auch in therapeutischen Zusammenhängen genutzte Methode ist es, eine Geschichte zu erfinden, in der ein Kind vorkommt, das sich mit einem ähnlichen Problem herumschlägt wie dasjenige, das das Kind aus der Gruppe gerade erkennen lässt. Vielleicht hat das Kind aus der Geschichte eine Lösung gefunden, die aus pädagogischer Sicht auch zu „Ihrem“ Trennungskind passt: „Das ist ja merkwürdig. Weißt du, ich kannte mal einen kleinen Jungen, der war etwa genauso alt wie du … ja, jetzt, wo ich daran denke, fällt es mir wieder ein: Er war tatsächlich auch vier Jahre alt. Und dieser Junge …“

Solche Stehgreifgeschichten oder auch einfache Sätze können immer mal wieder das Thema „Schuld“ aufgreifen, ohne dass dieses Gefühl eines vertiefenden Gesprächs bedarf: „Da hat doch Lisa gedacht, sie sei schuld an der Trennung ihrer Eltern. Dabei sind Kinder doch nie – niemals – schuld daran, wenn sich ihre Eltern trennen!“

Haltungen ausprobieren im Puppenspiel

Im Spiel mit Handpuppen lässt sich das Thema „Ich sage nein!“, das in jeder Kita in den unterschiedlichsten Zusammenhängen aufgegriffen und aufbereitet wird, so einsetzen, dass es Kinder im Umgang mit ihren strittigen Eltern stärkt.

Schüsselsätze wie „Das musst du Mama/Papa selber sagen“, wenn ein Kind eine Nachricht an den anderen Elternteil überbringen soll, oder „Ich bin ein Kind und kann das nicht entscheiden“, wenn Eltern ihrem Kind Entscheidungen aufbürden, mit denen es überfordert ist, lassen sich durch Wiederholung und Zuruf festigen. Auch schwierige Situationen wie ein Loyalitätskonflikt können im Puppenspiel stark vereinfacht dargestellt werden. Die Fachkraft kann dann gemeinsam mit den Kindern zum Beispiel überlegen, was das Kind im Puppenspiel, das vor die Wahl gestellt ist, Mutter oder Vater zu folgen, seinen Eltern sagen kann.

Dasselbe gilt für eine Situation, in der ein Kind von den Eltern zum Boten gemacht werden wird. Hier können Sätze wie „Das musst du Mama/Papa selber sagen!“ mit den Kindern zusammen entwickelt werden. Im Anschluss können die von den Kindern erarbeiteten, veränderten Szenen erneut gespielt werden.

Frustrationstoleranz entwickeln

Enttäuschungen sind unvermeidlich und fördern die gesunde Entwicklung, weil sie dabei helfen, die so wichtige Frustrationstoleranz zu entwickeln. In jeder Kita gehören Gesellschaftsspiele zum pädagogischen Inventar. Gerade für Kinder, die überfordert sind, weil sie sich in Allmachtsfantasien ergehen – vielleicht, weil ihre Eltern es aufgrund der Trennungssituation nicht schaffen, angemessene Grenzen zu setzen –, ermöglichen diese Spiele die Erfahrung, auch einmal zu verlieren. Kinder lernen, dass es wichtig ist, sich an Regeln zu halten. Regeln wiederum sind transparent. Sie gelten für jeden und bieten keinen Platz für magisches Denken. Hier geht es dann um realistische Ursache-Wirkungs-Verhältnisse und um regelkonforme Logik.

Projekte zum Thema „Familie"

Im Kindergartenjahr sollten Projekte zum Thema Familie fest installiert sein. Sie beschäftigen sich mit der Vielfalt unterschiedlichster Familienformen. Daran anschließen können Projektreihen wie „Das bin ich in meiner Familie" oder „Wenn ich einmal groß bin".
Ein solches Projekt ermöglicht es Trennungskindern, zu erkennen, wie vielfältig allein in ihrer Gruppe die Familienmodelle sind. Das hilft dabei, Scham und Schuld abzuwerfen und eine realistische Vorstellung vom eigenen Platz im familiären Gefüge zu bekommen. Das ist, wie wir gesehen haben, aus entwicklungspsychologischer Sicht ein wichtiger Impuls zur Entwicklung eines **realistischen Selbstbildes.** Die pädagogischen Fachkräfte erhalten durch die Arbeitsergebnisse und Aussagen der Kinder einen Eindruck von der Vielfalt der in der Gruppe repräsentierten Familienkonstellationen.

Erzieher Markus berichtet:

„Es gab eine Zeit, da häuften sich die Geburten von Geschwisterkindern in unserer Gruppe – mit all den pädagogisch bekannten Begleiterscheinungen. Einige der betroffenen Kinder verlangten wieder nach der Flasche, andere nässten gelegentlich wieder ein und wieder andere verweigerten den Besuch des Kindergartens. Wir haben uns damals entschieden, ein Projekt zum Thema Familie zu machen, indem wir die Kinder dazu anregten, sich mit ihrer Position in der sich verändernden Familie auseinanderzusetzen. Ich weiß noch, wie erstaunt wir darüber waren, wie überholt unsere Vorstellung von Familie war. Allein in unserer Gruppe gab es die vielfältigsten Familienformen. Da gab es einen kleinen Syrer, der in einer Großfamilie lebte, ein homosexuelles Elternpaar, das wir natürlich bereits wahrgenommen, jedoch für die einzige Ausnahme gehalten hatten. Es gab Kinder von Eltern, die sich getrennt hatten. Ich erinnere mich an eine Familie, wo uns das gar nicht explizit aufgefallen war, weil sich beide Eltern gleichermaßen eingebracht haben. Es gab Alleinerziehende, Halbgeschwister und ein Kind, das bei seinen Großeltern aufwuchs."

7.4 Wenn ein Elternteil fehlt

Immer wieder berichten pädagogische Fachkräfte davon, dass Kinder aus Ein-Eltern-Familien von anderen Kindern gehänselt werden.

Die Erzieherin Anni berichtet ihrer Kollegin:

„Heute kam Leonie, sie ist jetzt vier Jahre alt, weinend zu mir. Sie war total aufgelöst, legte ihren Kopf in meinen Schoß und schluchzte. Es schüttelte ihren ganzen Körper. Nachdem sie sich ein bisschen beruhigt hatte, fragte ich sie besorgt, was denn los sei. Sie fing wieder an zu weinen und schluchzte, dass Jonas gesagt hat: „Du hast doch gar keinen Papa!“

Solche Beispiele sind nicht selten. Vor allem handelt es sich hier um Einzelkinder, die mit ihrer alleinerziehenden Mutter aufwachsen. Die Gründe und Hintergründe sind vielfältig. Manchmal haben sich die Eltern im Ausland, im Heimatland des Vaters kennengelernt, und der Vater ist dort geblieben; manchmal haben sich die Eltern schon während der Schwangerschaft getrennt.

8.

Trennungskinder im Grundschulalter stärken

Während Kindergartenkinder noch „so tun, als ob", wollen Grundschulkinder „etwas Richtiges tun" – genauso wie die Erwachsenen. Ein gesundes, schulreifes Kind will unbedingt schreiben, rechnen und lesen lernen. Es will etwas leisten und freut sich über die Anerkennung dafür.

Schulkinder interessieren sich für alle Attribute des Erwachsenseins. Dazu gehören auch der Besitz eines Smartphones und der Umgang mit Medien sowie Social media. Dies sind Dauerbrenner im Ranking der Konflikte – nicht nur zwischen Trennungseltern und ihren Kindern dieser Altersgruppe. Es handelt sich jedoch um Konflikte, die durch unterschiedliche Auffassungen der Eltern in Trennungsfamilien häufig eine größere Brisanz entfalten.

8.1 Kinder von sechs bis zehn Jahren

Arbeit und die Anerkennung ihrer Leistung sind von ganz zentraler Bedeutung für Kinder im Grundschulalter. Haben sie im Kindergarten noch im Rollenspiel ausprobiert, wie es ist, ein Junge bzw. ein Mädchen zu sein, so geht es sechs- bis zehnjährigen Kindern darum, ihre geschlechtliche Identität zu festigen. Selbstständigkeit und die Gruppe der Gleichaltrigen bekommen eine neue, wichtige Bedeutung.

Leistung: „Etwas Richtiges tun"

Die meisten Kinder brennen darauf, endlich in die Schule gehen zu dürfen. Pädagogische Fachkräfte in Kitas kennen die Langeweile, ja manchmal sogar den Überdruss der ältesten Kinder in den letzten Wochen vor der Einschulung. Die Kinder wollen nun „etwas Richtiges" machen. Sie wollen lesen, schreiben und rechnen lernen, sie wollen Leistung und Anerkennung.

Festigung der geschlechtlichen Identität

Während es im Kindergartenalter darum ging, eine Vorstellung davon zu bekommen, wie Erwachsene, Frauen und Männer sind, sind Schulkinder damit beschäftigt, ihre persönliche geschlechtliche Identität zu finden und zu festigen. Im Übergang zur Grundschule erreicht die Abgrenzung unter den Geschlechtergruppen ihren Höhepunkt. Jungen brauchen den Schutz in der Jungengruppe und Mädchen den in der Mädchengruppe. Einen Jungen als Mädchen oder ein Mädchen als Jungen zu bezeichnen, kommt in dieser Zeit häufig einer schlimmen Beleidigung gleich.

Im Verlaufe dieser Entwicklungsphase werden Kinder sich ihrer geschlechtlichen Identität immer sicherer und können die klischeehaften Vorstellungen aus der Kindergartenzeit durch ein **immer differenzierteres Bild von sich selbst** als Junge oder Mädchen ersetzen.

Annette, Lehrerin in der 1. Klasse, berichtet:

„Beim Einschulungsgottesdienst konnte ich beobachten, wie eine Mutter mit ihrem Sohn abgehetzt in die Kirche kam. Die neuen Kinder saßen in den ersten Bankreihen. Dort hatte die Mutter offensichtlich ein Mädchen entdeckt, das sie kannte, denn die Mutter und das Mädchen winkten sich zu. Sie versuchte, den Jungen eilig in ihre Richtung zu schieben. Ich musste ein bisschen grinsen, denn was dann kam, hätte ich voraussagen können. Die Mutter hatte wohl nicht gesehen, dass der Mittelgang Jungen und Mädchen voneinander trennte. So schob sie und er stemmte sich dagegen, um schließlich in eine Bank mit Jungen zu entwischen."

Die Rigidität der Abgrenzung ist der großen Unsicherheit von Kindern im Übergang zur Schule geschuldet, ob sie den aus ihrem Geschlecht resultierenden sozialen Rollenerwartungen – vor allem wohl auch in der neuen Umgebung – gerecht werden können.

Je sicherer die Kinder in ihrer Identität als Junge oder Mädchen werden, umso mehr lässt die Rigidität der Geschlechtertrennung nach. Als Schulkinder sind sie der Rivalität mit dem gegengeschlechtlichen Elternteil entwachsen, um nun als Mädchen der Mutter bzw. Frauen nachzueifern und als Junge seinem Vater bzw. anderen männlichen Vorbildern im Umfeld. Sie haben damit ihre entwicklungsbedingten grandiosen Fantasien zugunsten der Realität überwunden. Auch ihre **Selbstwahrnehmung** ist damit ein ganzes Stück **realistischer** geworden.

Im Verlauf der Grundschulzeit lösen sich die Kinder von den extremen Geschlechterrollen, den Klischees der Kindergartenzeit. Das Selbstverständnis als Junge oder Mädchen wird zunehmend differenzierter. Sie probieren aus, welche weiblichen oder männlichen Verhaltensweisen für sie persönlich stimmig sind. „Muss, ich, wenn ich ein ‚richtiges' Mädchen sein will, tatsächlich immer nur rosa und Glitzer tragen?" oder „Kann ich beim Kochkurs mitmachen, obwohl ich ein Junge bin?" sind Fragen, die sich Kinder dieses Alters stellen.

Für Mädchen füllen Mütter im Alltag die während der Kindergartenzeit stark überzeichnete Vorstellung von der Frauenrolle mit realistischen Inhalten. Dasselbe gilt umgekehrt genauso. Väter sind für ihre Söhne ein Modell für männlich ausgerichtete Verhaltensweisen. Darin liegt auch eine **große Chance, mit Klischees zu brechen,** wenn ein Vater etwa mit seinen Kindern Kekse backt oder eine Mutter mit ihren Kindern das Fahrrad repariert. Eltern sind nun auch ein wichtiges Modell dafür, wie sich Männer und Frauen zueinander verhalten.

Schulkindbetreuerin Caro erzählt:

„Ich finde es immer sehr charmant, wenn mir Erst- oder Zweitklässler mit großer Geste die Tür aufhalten. Heute verbeugte sich Daniel sogar, und ich habe mich natürlich überschwänglich bedankt!"

Daniel ist ein gutes Beispiel dafür, dass Jungen die Verhaltensweisen von Männern (wahrscheinlich am Modell ihrer Väter) nachahmen, um sie dann an erwachsenen Frauen auszuprobieren. Dasselbe tut ein Mädchen, wenn es – genauso wie sie es des Öfteren bei ihrer Mutter beobachtet hat – vor ihren Vater hintritt, um ihn mit ausgestreckten Armen zu fragen „Na, wie findest du mich?!", weil sie sich gerade chic gemacht hat. Reagiert der Vater aufmerksam, zugewandt und positiv, indem er ihr Komplimente macht, so ist dies, ebenso wie für Daniel aus unserem Beispiel, eine wichtige Ermutigung für ihre Identitätsfindung.

Selbstständigkeit bekommt eine andere Bedeutung

Selbstständigkeit bekommt eine andere Bedeutung als noch im Kindergarten. Während es dort darum ging, den eigenständigen Umgang mit Dingen zu erlernen und sich in Rollen auszuprobieren, **erweitert sich der Bewegungsradius** von Grundschulkindern enorm. Sie bewegen sich sicher im Straßenverkehr, benutzen öffentliche Verkehrsmittel, machen den Fahrradführerschein, übernachten außerhalb der Familie bei den Großeltern oder bei Freunden.

Die Gleichaltrigengruppe

Die Gleichaltrigengruppe stellt zum ersten Mal einen Kosmos dar, in dem die Eltern keine Rolle spielen. Hier bieten Schule und Hort wichtige Räume der Begegnung außerhalb der Familie. Klassenfahrten und Ausflüge sind dazu da, um Freundschaften und Cliquen zu bilden, um einen Platz in der Gruppe zu finden und zu festigen. Aber auch das gemeinsame Lernen, die Erfahrung von Anerkennung, Erfolg und Misserfolg stärken das Selbstverständnis und das Selbstvertrauen der Einzelnen in der Gruppe.

8.2 Trennungskinder in Hort und Grundschule

Die im vorausgegangenen Kapitel beschriebenen Entwicklungsaufgaben von Kindern im Grundschulalter haben für Trennungskinder eine besondere Brisanz und werden – wie ihre Schulleistungen – nicht selten zum **Indikator für ihre besonderen Probleme** im Zusammenhang mit ihrer häuslichen Situation. Die Tatsache, dass die meisten Trennungskinder nach wie vor überwiegend bei der Mutter leben, wirkt sich auf die geschlechtliche Identität von Kindern dieses Alters aus, während die Peergroup und die Entdeckung individueller Neigungen ein stabilisierendes Gegengewicht zur manchmal verunsichernden Veränderung der Familienkonstellation darstellen können. Von großer Bedeutung ist die pädagogische Positionierung im Umgang mit Medien in der Nachmittagsbetreuung.

Leistungsabfall oder Leistungsleidenschaft?

Ähnlich, wie es am Fünf-Säulen-Modell der Identität (siehe Seite 19) für die Krise der Eltern beschrieben wurde, können sich die Überforderung und Anspannung im Zusammenhang mit der Elterntrennung auch auf die Leistungsfähigkeit von Trennungskindern auswirken. Ein ernstzunehmendes Signal ist immer ein plötzlicher, genereller Leistungsabfall. Vor dem Hintergrund, dass Kinder sich in diesem Alter stark über ihre Leistungen definieren, ist es wichtig, dieses Symptom zu hinterfragen, da sonst möglicherweise die Weichen für den weiteren Bildungsweg falsch gestellt werden.

Doch kann auch das Gegenteil der Fall sein. Genauso, wie für manche Erwachsenen die Arbeit dazu dient, sich von privaten Problemen abzulenken, können auch Kinder mit der Anerkennung für beste Leistungen die häusliche Unsicherheit kompensieren. Hier **bedarf es sensibler und genauer Beobachtung** durch Lehrer und Lehrerinnen sowie die pädagogischen Fachkräfte in der Schulkindbetreuung. Der **kompensatorische Ehrgeiz** lässt oft Defizite in anderen Entwicklungsbereichen entstehen, mit denen Kinder sich nicht wohlfühlen, und die sich damit hinderlich auf ihre gesunde Entwicklung auswirken können.

Geschlechtliche Identität von Jungen und Mädchen

Statistiken zeigen, dass auch Grundschulkinder im Falle einer Elterntrennung überwiegend bei der Mutter leben. Dies hat enorme Auswirkungen auf die Entwicklung von Jungen. Sie brauchen männliche Vorbilder genauso dringend wie Mädchen weibliche Vorbilder. Und es sind noch immer überwiegend Frauen, die in Grundschulen und im Hort arbeiten – ein Umstand, den wir nicht pädagogisch korrigieren können.

Wie wir gesehen haben (siehe Seite 48), leiten Kinder – umso mehr, je jünger sie sind – Erregungs- und Spannungszustände körperlich ab. Mädchen lernen bereits im Kindergartenalter, ihre Anspannung durch sogenannte „symbolische Handlungen“ abzureagieren, um wieder in ein psychisches Gleichgewicht zu kommen. Das bedeutet, sie malen oder agieren in Rollenspielen. Jungen hingegen müssen diese Spannungen häufig noch im Schulkindalter durch Bewegung und äußere Unruhe ausagieren. Sie bilden den inneren Raum, der für die Regulierung ihrer aggressiven Impulse und Gefühle zuständig ist, langsamer aus.

Während Mädchen im Verlauf ihrer weiteren Entwicklung ihre Überforderung oft als Aggression gegen sich selbst richten, indem sie sich etwa ritzen oder eine Essstörung entwickeln, fallen Jungen im Grundschulalter eher durch äußere Unruhe und durch aggressives, dissoziales Verhalten sowie einen Mangel an Konzentration auf. Dies führt dann häufig zu der Diagnose ADHS, die viele Psychologen und Psychologinnen jedoch eher als Symptom einer Entwicklungsstörung werten und nicht als Krankheit selbst. Die Diagnose ADHS betrifft zu 80 Prozent Jungen. Deshalb sollten Lehrer und Lehrerinnen zumindest in Betracht ziehen, dass das auffällige Verhalten eines Jungen auch **Ausdruck einer psychischen Überforderung** sein könnte. Vor allem, wenn dieses Verhalten eine Veränderung darstellt, sollten sich Lehrkräfte und pädagogische Fachkräfte im Hort für die Lebensumstände des Jungen interessieren, denn auch die Überforderung durch eine Elterntrennung kann zu dieser Verhaltensänderung führen.

Selbstständigkeit und die Entdeckung eigener Interessen

Nicht nur durch verschiedene Angebote in der Nachmittagsbetreuung, sondern auch in der Schule werden Kinder darin unterstützt, sich nach ihren individuellen Neigungen für eine Arbeitsgemeinschaft zu entscheiden. Damit eröffnet sich Kindern dieses Alters eine wichtige Ressource, die gerade Trennungskindern über schwierige Phasen hinweghelfen kann. Indem Kinder ihren **Hobbys und Neigungen** nachgehen können, verfügen sie über ein Instrument, mit dem sie sich **selbst stabilisieren** können. Hier geht es also nicht in erster Linie um die Erfüllung eines Bildungsauftrags, sondern um die **psychische Qualität der Sicherheit,** die ein Kind durch diese Angebote in sich selbst finden kann.

Katrin, pädagogische Fachkraft im Hort einer Grundschule, berichtet:

„Unsere Schule befindet sich in einem größeren Gebäudekomplex mit einer großzügigen Empfangshalle. Vor dort gehen Gänge zum Hort und zu verschiedenen Einrichtungen ab. So auch die Tanzschule, die Louisa mittwochs nach den Hausaufgaben im Hort besucht. Seit einiger Zeit haben wir beobachtet, dass der Vater, wenn er sie alle zwei Wochen abholt, bereits vor der Tanzstunde kommt. Sie geht dann stattdessen direkt mit ihm mit. Wir wissen, dass Louisas Eltern in Trennung leben. Als Mitarbeiterin im Hort habe ich den Eindruck, dass die Tanzschule dem Mädchen sehr guttut. Sie liebt die Musik und die tänzerische Bewegung. Meine Kolleginnen und ich beobachten, wie sehr sie sich darauf freut. Wir haben uns daher entschlossen, den Vater darauf anzusprechen. Er begründete sein Verhalten damit, dass die kostbare Zeit mit Louisa ohnehin beschnitten sei, da wolle er nicht noch zusätzliche Abstriche machen."

In diesem Beispiel haben die pädagogischen Fachkräfte ihre Möglichkeiten ausgeschöpft. Sie haben das Gespräch mit dem Vater gesucht und ihre Argumente ausgetauscht. Nun können sie nur abwarten, ob Louisa dieses Thema von sich aus anspricht oder ob die Mutter auf sie zukommt.

Dies ist kein Einzelfall und passiert immer dann, wenn Eltern einfach übersehen, dass Kinder zunehmend selbstständiger eigenen Interessen nachgehen. Sie sind dann, so wie der Vater im Beispiel, in ihrer eigenen Krise gefangen, und es kommt dazu, dass sie die **Interessen ihrer Kinder übersehen** und deren Wichtigkeit unterschätzen. Für Trennungskinder ist das ein **fataler Übergriff,** der eine wertvolle, vom Kind selbst entdeckte Ressource gefährdet.

Für Kinder, denen es so wie Louisa ergeht, eignen sich Angebote zur Stärkung des Selbstbewusstseins wie zum Beispiel: „Ich sag nein!“ Aber auch im pädagogischen Alltag können Fachkräfte Verhaltensweisen und Situationen, in denen das Kind sich nicht durchsetzen kann, gemeinsam mit ihm hinterfragen. Sie können das Kind ermutigen und darin bestärken, für sich selbst und seine Interessen einzustehen.

Die Peergroup – Gemeinschaft mit Gleichaltrigen

Nachdem die Gruppen im Kindergarten noch überwiegend altersgemischt waren, sind Grundschulkinder nun zum ersten Mal in ihrer Klasse ausschließlich mit Gleichaltrigen zusammen. Sie lernen in der Gruppe die sogenannten Kulturtechniken, sie messen sich aneinander, und sie erfahren, wie wichtig ein soziales Regelwerk ist, das für alle gilt. Eine solche Gruppe erfordert Anpassungsleistungen. Im psychologischen Sinne hat dies nichts mit Unterordnung zu tun, sondern meint das **Ausbalancieren** von eigenen Interessen und den Erfordernissen der Gruppe. Damit eng verbunden ist das **Erlernen einer Frustrationstoleranz,** denn die verlangt die Fähigkeit, persönliche Wünsche gelegentlich hinter die Gruppeninteressen zurückzustellen.

Ein wichtiges soziales Lernziel dieser Altersgruppe ist die Toleranz der Andersartigkeit und der Individualität der Mitschüler und Mitschülerinnen, gleichgültig, ob dies mit dem Geschlecht, der Hautfarbe, Nationalität oder individueller besonderer Bedürfnisse einzelner Schülerinnen und Schüler in der Klasse zu tun hat. Dies betrifft auch die Erfahrung und Verunsicherung von Kindern im Zusammenhang mit einer Elterntrennung. Je mehr Information und Transparenz darüber in der Klasse hergestellt wird, umso eher wachsen die Akzeptanz und das Verständnis der Mitschüler und Mitschülerinnen.

Schule und Hort bzw. Schulkindbetreuung bieten Gleichaltrigen Lern- und Freizeitangebote, die das Kind in seiner Individualität fördern. Über diese Angebote bekommt es ein differenzierteres und realistischeres Bild von sich selbst. Es entdeckt vielleicht kreative, musische oder sportliche Fähigkeiten und hat Spaß und Erfolg beim Lernen, indem es individuelle Fortschritte macht. Der Fokus liegt also auf dem Kind, sodass es sich hier unabhängig von seiner Trennungsfamilie erleben kann.

> Anders als noch in der Kita sind es nicht so sehr die Struktur, die Regelmäßigkeit und der äußere Rahmen, die Trennungskinder tragen und in ihrer Entwicklung unterstützen. Hier geht es um die **Individualität und die Ressourcen** des einzelnen Kindes.

Gleichaltrige korrigieren, relativieren und identifizieren die Fähigkeit zur Selbstständigkeit, die Kompetenz, Eigenverantwortung zu übernehmen, sowie soziale Regeln im Umgang miteinander. Sie setzen dem häuslichen Wertekanon etwas entgegen und werden zum Maßstab dessen, was als „normal“, also altersgerecht, empfunden wird.

Mark, sozialpädagogischer Assistent, berichtet:

„Anfangs wurde Johanna immer von ihrer Mutter abgeholt. Sie wurde dann aus einer Gruppe von Kindern herausgerissen, die ein gutes Stück des Heimwegs zusammen gehen. Man konnte gut beobachten, wie unangenehm es Johanna war, wenn ihre Mutter aufkreuzte. Irgendwann stampfte das sonst so zurückhaltende Mädchen mit dem Fuß auf und bestand darauf, mit den anderen zu laufen anstatt zur Mutter ins Auto zu steigen. Seitdem wird auch sie nicht mehr abgeholt."

Für Eltern ist es wichtig zu wissen, dass Schulkinder zunehmend in die Planung und Regelung des Kontakts zu beiden Eltern einbezogen werden wollen. Dabei sollten Eltern unbedingt die Termine der Kinder im Zusammenhang mit ihren Hobbys als eine wichtige Ressource für ihre gesunde Entwicklung respektieren. Dies sind Informationen, die unbedingt in eine Infothek (siehe Seite 80) aufgenommen werden sollten.

Dies gilt auch für die Erfahrung, nicht das einzige Trennungskind in der Gruppe zu sein:

„Nina und Jasmin, zwei Trennungskinder, haben sich miteinander angefreundet. Neuerdings laden sich die Kinder besonders am Wochenende gerne Übernachtungsbesuch ein. Das ist jedoch manchmal schwierig, wenn Jasmin am Wochenende bei ihrem Vater ist, der weit entfernt wohnt Die beiden Freundinnen haben es dann hinbekommen, dass ihre Eltern die Kontaktregelung so abstimmen, dass es mit dem Übernachten klappt."

Umgang mit Medien

Besonders bei Jungen ist bei der Elterntrennung häufig ein auffälliger Rückzug an den Computer zu beobachten. Darüber werden andere Interessen und der so wichtige, direkte Umgang mit Gleichaltrigen sowie damit verbundene Entwicklungschancen vernachlässigt. Wenn dann die Erschöpfung der Eltern dazukommt, stellt das für viele Trennungskinder eine Chance dar, vorgegebene Grenzen zu überschreiten und die Zeiten am PC oder am Handy auszudehnen.

Die damit einhergehenden Konflikte spielen mitunter auch in Zwei-Eltern-Familien eine große Rolle, sie sind an sich also kein spezifisches Phänomen in Trennungsfamilien. Jedoch sind Alleinerziehende, egal, ob im Alltag oder an einzelnen Tagen in der Woche, im Ringen um Grenzen und deren Einhaltung in einer ohnehin geschwächten Position auf sich allein gestellt. Im schlimmsten Fall arbeiten die Elternteile noch gegeneinander. Auch in intakten Familien können Eltern hier unterschiedlicher Ansicht sein, die damit verbundenen Konflikte brechen jedoch erfahrungsgemäß erst nach einer Trennung auf. So gesehen haben Trennungskinder hier nicht selten eine recht dünne Stelle im Brett, die sie dann auch anbohren, um ihren Umgang mit den Medien über das pädagogisch vertretbare Maß hinaus auszuweiten.

Auch in den Betreuungseinrichtungen für Kinder erhitzt die Debatte um Medienkompetenz und das Einbeziehen von Computern in die pädagogische Arbeit die Gemüter. Inzwischen haben jedoch Grundschüler und -schülerinnen schon aus Unterrichtsgründen Zugang zu einem Tablet, sodass sozialpädagogische Einrichtungen sich meiner Meinung nach eine **strikte Positionierung** erlauben sollten.

Gerade vor dem Hintergrund der **gesundheitlichen Risiken** wie Störungen des Schlaf-Nacht-Rhythmus und Netzhauterkrankungen scheint es mir pädagogisch geboten und auch der Teilhabe zumutbar, wenn die wenigen Stunden in der Nachmittagsbetreuung zur computerfreien Zone werden. Damit setzen pädagogische Fachkräfte zudem Regeln, die gerade Alleinerziehende bei ihrem Bemühen unterstützen, die Bildschirmzeiten zu begrenzen.

Annegret, alleinerziehende Mutter des neunjährigen Franz, erzählt:

„Bis Franz in den Hort ging, hatten wir hier zuhause Dauerterz, seit sein Vater ausgezogen ist. Immer ging es um seine Zeit am Computer. Ich habe wirklich alles versucht, sogar, dass ich das WLAN ausgeschaltet habe – mit dem Resultat, dass sich unsere Beziehung stetig verschlechterte. Immer gab es Krach, Türenknallen, Tränen. Im Hort gibt es keinen Computer. Das haben die pädagogischen Fachkräfte dort entschieden. Es gibt einen Billardtisch, eine Turnhalle, die die Kinder bei schlechtem Wetter nutzen können, ein großes Außengelände – aber keinen Computer. Den Kindern haben sie wohl erklärt, welche gesundheitlichen Folgen das ständige Sitzen vor dem PC hat. Bewirkt hat das bei Franz, dass er oft so ausgepowert nach Hause kommt, dass er von sich aus gar nicht mehr so viel Druck macht – und auf meiner Seite eine gewisse Lässigkeit und die Bereitschaft, auch mal alle Fünfe gerade sein zu lassen, weil ich weiß, dass er auch Zeiten mit Bewegung und an der frischen Luft hat."

Wie auch immer sich pädagogische Fachkräfte für ihre Einrichtung entscheiden, eine Faustregel besagt, dass die **Zeit vor dem Bildschirm im selben Umfang durch Bewegung ausgeglichen** werden sollte.

8.3 Pädagogische Intervention in Schule und Hort

Ebenso wie Kita und Krippe stellen auch Grundschule und Hort eine große Ressource für Trennungskinder dar. Insbesondere im Bereich der Kreativität, der Bewegung, der Vermittlung von Lese-Erlebnissen, der Kommunikation im Zusammenhang mit dem Erlernen von

Regeln des Zusammenlebens haben Schule und Hort profunde, unmittelbare Erfahrungen ergänzend anzubieten. Etwas selbst zu tun und auszuprobieren ist etwas ganz anderes, als ein Tutorial auf YouTube zu gucken oder Sport im Fernsehen anzuschauen.

Wir haben gesehen, dass die Schärfe der Konflikte zwischen den Eltern vom jeweiligen Stadium der Trennung abhängt (siehe Seite 22). Das wiederum sollte gerade Grundschulpädagoginnen und -pädagogen sensibilisieren und vor allem Mut machen, denn der pädagogische Aufwand und die **Aufmerksamkeit,** der Trennungskinder stützen kann und ihrer gesunden Entwicklung dienen soll, **ist vorübergehend.**

Ein Wort zum Lehrplan

Als ehemalige Lehrerin möchte ich an alle Lehrkräfte appellieren, das Thema Trennungskinder für die Theater-Gruppe aufzubereiten, es in den Kunstunterricht, den Religionsunterricht oder in die Verfügungsstunde aufzunehmen. Nur so kann es gelingen, betroffene Kinder **aus der Isolation zu holen** und sie dabei zu unterstützen, ihre eigene Position in dieser verunsichernden Zeit zu finden. Letztlich verkürzt der investierte Zeitaufwand die Lernzeit, weil diese effektiver und ohne Störungen durch emotional überforderte Schüler und Schülerinnen genutzt werden kann.

Betrachten Sie dies als eine Investition, die am Ende die Arbeit erleichtert, weil die Klasse rundläuft und ein entspanntes Lernklima entsteht, in der sich auch Trennungskinder gesehen fühlen. Genauso wie Kindergarten und Krippe kann die Grundschule der temporären Verunsicherung von Trennungskindern **Stabilität und Sicherheit** entgegensetzen.

Ruhephasen und Langeweile

Gerade montags wird, ähnlich wie in der Kita, deutlich, wie der Wechsel zwischen Alltags- und Sonntagselternteil Trennungskinder fordert. Viele Trennungskinder erleben häufiger und intensiver besondere Angebote zur Freizeitgestaltung durch ihre Wochenendbesuche beim anderen Elternteil. Dies ist dem Wunsch der betroffenen Eltern geschuldet, ihren Kindern etwas bieten zu wollen – gerade, weil sie keinen gemeinsamen Alltag mehr erleben.

Hier ist es sinnvoll, ganz bewusst einen Raum zu schaffen, in dem Kinder ausruhen und sich zurückziehen können.

Die Geschichte vom Langeweile-Ingo

„Eine lebenskluge und erfahrene Erzieherin hatte vor Jahren eine knapp einen Meter große Stoffpuppe nach dem Vorbild der Waldorfpuppen genäht. Diese Puppe fristete nackt in ihrem von den Jahren schon speckigen, ehemals hautfarbenen Trikotstoff ihr Dasein im düsteren Toberaum. Dort saß sie mit hängenden Gliedmaßen und einem an Trostlosigkeit und Ödnis kaum mehr zu übertreffenden Gesichtsausdruck auf abgewetzten Matratzen, wo sie während der Schulzeit kaum beachtet wurde. Ihre große Stunde schlug während der Ferienzeiten.
Getauft hatte die Erzieherin sie auf den Namen 'Langeweile-Ingo'. Kamen nun Kinder mit der Klage zu ihr, dass ihnen sooo langweilig sei, dann pflegte sie, ihnen völlig ungerührt zu antworten: „Na, dann setz dich doch zum Langeweile-Ingo, dem geht's genauso!" Wenige Minuten später bot sich dem Betrachter dann für gewöhnlich ein wahrhaft trostloses Bild trauter Zweisamkeit des gelangweilten Kindes mit dieser Puppe. Mal lehnten Puppe und Kind mit ähnlichem Gesichtsausdruck aneinander, mal knibbelte das Kind an einer Puppenhand, während beide in Langeweile vereint stumpf vor sich hinblickten.
Doch dieser Zustand dauerte niemals lange an. Immer war der Langeweile-Ingo nach einem solchen Stell-dich-ein schon nach kurzer Zeit wieder allein und achtlos in eine Ecke geworfen, während sein ehemaliger Leidensgenosse sich – wie ausgewechselt – tatendurstig mit Materialien für einen kühnen Plan versorgte oder vergnügt mit einer Horde Kinder irgendwo auf dem Gelände des Horts verschwand ..." (Steffens 2022b).

Wann immer ich in Fortbildungen oder im Gespräch mit pädagogischen Fachkräften vom Langeweile-Ingo erzähle, findet dies regen Zuspruch. Gerade die Erfahrung und das Aushalten eines so unbehaglichen Zustandes ermöglichen es Kindern, in Kontakt mit ihrer eigenen Kreativität zu kommen. Zudem machen sie die Erfahrung, dass negative Gefühle vorübergehen sind und dass sie sie aus eigener Kraft überwinden können. Dies ist ganz entscheidend für die Entwicklung einer **Frustrationstoleranz** (siehe Seite 58), die auch für die Altersgruppe der Sechs- bis Zehnjährigen noch eine **Herausforderung** darstellt.

Rollenvorbilder für das Erwachsensein

Gerade für Trennungskinder im Grundschulalter ist es schwierig, wenn die Eltern als wichtigstes, differenzierteres Verhaltensvorbild für die geschlechtliche Identität und für den Umgang der Geschlechter miteinander ausfallen. Je zerstrittener Eltern sind, desto weniger repräsentieren sie **realistische Identitäten** im Umgang miteinander. Das Kind erlebt sie in einem Ausnahmezustand, in dem es Eltern schlecht gelingt, ihre Gefühle zu regulieren. Das bedeutet, dass es den Umgang als unberechenbar und damit als äußerst verunsichernd erlebt. Gleich gar nicht erlaubt es der strittige, elterliche Umgang, Rückschlüsse auf realistische Eigenschaften von Männern und Frauen sowie deren Umgang miteinander zu ziehen.

Hier kommt Schule und Hort eine besondere Bedeutung zu, wenn sie etwa Arbeitsgemeinschaften für Jungen und Mädchen gemeinsam zu traditionell eher typisch männlichen oder typisch weiblichen Themen anbieten. Das können eine Koch-AG, eine Fahrradwerkstatt, eine Kreativ-Werkstatt oder auch Arbeitsgemeinschaften sein, die sich zum Beispiel mit Massagen beschäftigen.

Hervorragend eignet sich eine Theater-AG für Trennungskinder, um sich mit typischen Konflikten, Familienmodellen oder explizit mit ihrer Situation auseinanderzusetzen. Selbst dann, wenn Kinder darin keine Rolle übernehmen, wirkt es auf sie als Zuschauer und Zuschauerinnen. Gut können hier auch die schon genannten Haltungen „Das musst du Papa/Mama selbst sagen!“ oder „Das könnt ihr nicht einfach ohne mich entscheiden!“ erarbeitet und transportiert werden.

Grenzen und Enttäuschungen

Pädagogische Fachkräfte wissen, wie viel einfacher es ist, die Wünsche und Forderungen eines Kindes zu erfüllen als sich in zermürbenden Argumentationen und Handlungen im Sinne dessen, was sie für eine gesunde kindliche Entwicklung für unerlässlich halten, durchzusetzen. Alle Eltern haben bereits die Erfahrung gemacht, wie schwer es gerade in Zeiten großer Belastung und Erschöpfung ist, **angemessene Grenzen zu setzen.** Kein Wunder also, wenn es in bestimmten Zeiten eines Trennungsprozesses unvermeidlich ist, dass die Wachsamkeit und die **Durchsetzungskraft** von Eltern leiden. Wenn Kinder in solchen Momenten versuchen, ihre Eltern gegeneinander auszuspielen und zudem auf der Klaviatur elterlicher Ängste und Schuldgefühle spielen, dann führt das häufig dazu, dass Eltern ihre **pädagogischen Überzeugungen** über Bord werfen.

Das ist nichts Verwerfliches. Wir brauchen nur daran zu denken, dass Jugendliche beim Verhandeln über die Zeit, zu der sie wieder zuhause sein müssen, den seit Generationen gleichen Satz sagen: „ Ach, Mensch … ALLE dürfen länger … nur ICH muss so früh zuhause sein …!“ Es ist sogar wichtig, dass Kinder ihre Grenzen ausloten. Hier kommt der Grundschule eine zentrale Aufgabe zu, indem gerade Trennungskinder die Erfahrung machen, dass Regeln für ALLE, also auch für sie gelten. So wirken Lehrer und Lehrerinnen den aus vergangenen Entwicklungsphasen wieder auflodernden Größenfantasien sowie den damit einhergehenden irrationalen kindlichen Schuldgefühlen entgegen.

Ein Auge zuzudrücken, weil ein Kind es gerade so schwer hat, ist genau das Falsche. Das schließt überhaupt nicht aus, Kindern wertschätzend und empathisch zu begegnen. Wenn Kinder sich mit dem Hinweis auf einen Elternteil, bei dem (das) alles möglich ist, über die Grenzen beschweren, ist es wichtig, das elterliche Verhalten nicht zu bewerten, sondern sich auf die Situation in der Schule zu konzentrieren, in der diese Grenze nun einmal unerlässlich ist.

Horterzieherin Melanie berichtet:

„Tim beschwert sich regelmäßig richtig wütend darüber, dass er vor dem Mittagessen seine Hände waschen soll. Er baut sich dann vor uns auf und sagt: ‚Was für ein Blödsinn! Bei meinem Vater muss ich niemals Hände waschen, wenn ich das nicht will!' Ich habe mich jedoch gar nicht aus der Ruhe bringen lassen. Ich habe Tim nur angesehen und ihm nachdrücklich geantwortet, dass mich das jetzt herzlich wenig interessiert, wie das bei ihm zuhause gehandhabt wird. Hier im Hort gibt es Regeln, an die sich alle Kinder halten müssen."

Das Sorgenschweinchen

In manchen Horten gibt es eine kleine, verschließbare Zettelbox oder ein Sparschwein, in das Kinder diskret eine Nachricht stecken können, wenn sie etwas mit einer pädagogischen Fachkraft besprechen wollen, das sie bedrückt. Die Kinder brauchen dazu nur ihren Namen auf ein Stück Papier zu schreiben. Dieses „Sorgenschweinchen" wird einmal täglich geleert, und im Wochenplan des Hortes ist eine Stunde für **Gesprächsmöglichkeiten** vorgesehen. Eine pädagogische Fachkraft kommt dann auf das hilfesuchende Kind zu und bittet es unauffällig ins Büro. Das kann dann so lauten: „Mira, kommst du bitte mal?"

Den Fachkräften gibt diese Methode Zeit, sich in Ruhe auf das Gespräch vorzubereiten. Sie können sich auf das Kind einstellen und zum Beispiel Flyer oder Visitenkarten von Hilfsangeboten wie dem Kinder-Sorgentelefon bereitlegen. Und sie können Raum und Zeit so wählen, dass sie wirklich Muße dafür haben, und dafür sorgen, dass sie nicht gestört werden.

„Magst du mir sagen, ob dich was bedrückt?" ist eine Frage ohne jede Unterstellung, mit der die pädagogische Fachkraft dem Kind Offenheit gegenüber seiner Situation signalisiert. Die pädagogische Fachkraft fragt nicht *was*, sondern *ob* das Kind etwas bedrückt. Damit überlässt sie es dem Kind, ob es sich äußern möchte oder nicht.

Ela, Leiterin im Hort, berichtet:

„Anfangs war ich eher skeptisch. Ich dachte, wozu brauchen wir so ein Sorgenschweinchen – die Kinder können doch kommen, wann immer sie mögen, und bewusst Gesprächsanlässe zu schaffen für Kinder, von denen wir vermuten, dass sie Probleme haben, das tun wir doch sowieso. Doch dann habe ich erlebt, dass Kinder mit Fragen, Unsicherheiten, Sorgen und Themen zu uns kamen, die für uns überraschend waren. Im Alltag hätten wir vieles von uns aus gar nicht bemerken können. Am Anfang haben die Kinder viel Schabernack mit dem Schweinchen getrieben. Sie haben ausprobiert, was passiert, wie wir wohl reagieren, indem sie etwa den Namen eines anderen Kindes auf den Zettel geschrieben haben. Dann haben sie uns am Ärmel gezupft und gefragt, ob wir denn schon ins Schweinchen geguckt hätten. Doch insgesamt ist das eine gute Sache. Es hat sich gezeigt, dass wirklich etwas anliegt, wenn Kinder das Schweinchen nutzen."

8.4 Wenn ein Elternteil fehlt

Man kann sich gut vorstellen, wie schwierig es für Trennungskinder im Grundschulalter ist, wenn gerade die Eltern als wichtigste Bezugspersonen als Verhaltensvorbild ausfallen. Ist ein Elternteil nach der Trennung so gut wie gar nicht mehr für ein Kind verfügbar, dann neigen Kinder dieses Alters dazu, ihn zu idealisieren.

Henry, ein ehemaliges, nun bereits erwachsenes Trennungskind, berichtet:

„Rückblickend erging es mir so wie Pippi Langstrumpf mit ihrem Vater, dem Herrscher über Taka-Tuka. Nachdem meine Eltern sich getrennt hatten als ich sechs Jahre alt war, ist meine Mutter mit mir 400 Kilometer weit an ihren Heimatort zurückgezogen. Ich habe nur unscharfe Erinnerungen an die Zeit, als wir noch eine Familie waren. Ich glaube, mein Vater war beruflich viel unterwegs. Dort, wo wir hinzogen, lebten meine Großmutter und die alleinstehende Schwester meiner Mutter. Ich war dort oft untergebracht, wenn meine Mutter keine Zeit hatte oder arbeiten musste.

Ich war ein eher zartes Kind und wurde oft von den Dorfjungen gepiesackt. Mein Alltag war dominiert von den drei Frauen um mich herum, und ich wünschte mir oft, mein Vater wäre hier, er würde mich beschützen, und wir würden coole Sachen machen.

Meine Mutter war nicht gut auf ihn zu sprechen. Ich traute mich kaum, sie nach ihm zu fragen. Zwar gab sie mir Antwort und rückte auch bereitwillig Fotoalben heraus, aber richtig gern, das war deutlich zu spüren, sprach sie nicht von ihm. Ein Foto zeigte ihn in Sportklamotten und Fußballerpose, das sah ich mir immer wieder an. Eines Tages, als mich ein Mitschüler fragte, was denn mit meinem Vater wäre, sagte ich, er sei Profi-Fußballer in Amerika und müsse viel trainieren, aber er werde bald wieder zurück nach Deutschland kommen, um mit uns zusammenzuleben.

Merkwürdigerweise glaubten meine Mitschüler mir meine Geschichte, und ich stieg merklich in ihrer Achtung. Ich selbst wuchs währenddessen richtig in diese Geschichte hinein. Und das veränderte mich. Ich wurde selbstbewusster, fühlte mich beschützt und wusste, dass ich, sobald ich dazu in der Lage wäre, meinen Vater aufsuchen würde.

In meiner Vorstellung war es meine Mutter, die verhinderte, dass wir Kontakt miteinander hatten. Ich malte mir unser Wiedersehen aus. Er war zwar nicht König in Taka-Tuka, aber er besaß all das, was ich selbst so gern gehabt hätte, und alles, was meiner Mutter fehlte. Je älter ich wurde, umso heftiger wurden die Auseinandersetzungen mit meiner Mutter. Immer, wenn ich sauer auf sie war, wuchs mein Vater neben ihr in meiner Vorstellung zu einem starken, verständnisvollen Supermann, neben dem sie nur verlieren konnte.

Ich stellte Nachforschungen an, um herauszufinden, wo er lebte, und schließlich hatte ich seine Telefonnummer und wir verabredeten uns. Bei unserem Wiedersehen schrumpfte der Supermann auf gute 1,70 Meter. Er war nervös, fahrig, rauchte wie

ein Schlot und sagte, ohne sich nach mir zu erkundigen, dass er keinen Kontakt zu mir wünsche. Er habe sich eine neue Familie aufgebaut, ich müsse das verstehen, da sei kein Platz für mich.
Ich fiel ins Bodenlose, denn all das, was ich mir in den letzten Jahren ausgemalt hatte, was mir Halt gegeben hatte in meinem tristen Alltag, fiel in sich zusammen. Es war, als hätte man einen Stein aus der Mauer gezogen. Ein Zufall und glückliche Umstände führten mich zwei Jahre später in eine Therapie, wo ich dann drei Jahre lang aufarbeiten musste, was da mit mir und meinen Eltern schiefgelaufen war."

Henrys Erzählung ist zwar eine sehr extreme, jedoch wahre Geschichte, die sich in Ansätzen überall dort wiederfindet, wo Kinder den Kontakt zu einem Elternteil verlieren.

Hier können pädagogische Fachkräfte nur beobachten und das Gespräch mit dem alleinerziehenden Elternteil suchen. Anlass für ein solches Gespräch kann zum Beispiel ein Projekt zum Thema „Familie" sein. Hier haben sich auch **Themen-Elternabende** und die Einrichtung einer **Infothek** zum Thema „Trennungskinder" bewährt. Lehrkräfte und pädagogische Fachkräfte werden in jedem Fall darauf verweisen, dass eine **verantwortungsvolle, kindgerechte und authentische Kommunikation** in solchen Situationen unerlässlich ist. Sie können Eltern ermutigen und Beratungsstellen empfehlen.

Häufig erleben Pädagoginnen und Pädagogen auch, dass sich Kinder von einem Elternteil aktiv abwenden. Sie müssen sich darüber im Klaren sein, dass es damit einen Teil seiner Wurzeln zu kappen versucht. Wenn dies geschieht, dann ist das stets ein Hinweis darauf, dass ein Kind die Trennung nicht verarbeiten und als Erfahrung integrieren kann. Dieses Phänomen ist – anders als im Beispiel von Henry – häufig Ausdruck einer sogenannten **Parentifizierung** (siehe Seite 29). Kinder dürfen ihre Eltern nicht stützen müssen, und sie dürfen nicht zu Verbündeten werden. Grundsätzlich brauchen Kinder den Kontakt zu beiden Eltern und – wo das nicht möglich ist – realistische Informationen über den abwesenden Elternteil. Beide Eltern sind nicht nur die Wurzeln der kindlichen Identität und damit auch des Selbstvertrauens, sondern auch wichtige Vorbilder für die Geschlechterrolle sowie für den Umgang mit dem anderen Geschlecht und für Partnerschaften. Sollten Sie sich für eine Infothek zum Thema Elterntrennung entscheiden, so gehören diese Informationen auf jeden Fall dorthin.

9. Vertrauensvolle Erziehungspartnerschaft mit Trennungseltern

Moni, pädagogische Fachkraft und Gruppenleiterin, berichtet:

„Neulich haben wir im Team über Lea gesprochen. Sie ist in der letzten Zeit so verändert, so in sich gekehrt. Vor ein paar Tagen hörte ich zufällig, wie ihre Mutter davon sprach, dass Lea am Wochenende bei ihrem Vater sein würde. Ich vermute, dass sich Leas Eltern getrennt haben. Vielleicht erklärt das auch ihr verändertes Verhalten? Ich denke, es wäre gut, die Mutter zu einem Elterngespräch einzuladen. Wirklich? Ich finde es schwierig, habe Angst, womöglich neugierig zu erscheinen. Obwohl ich die Gruppenleitung innehabe, bin ich jedes Mal erleichtert, wenn unsere Kita-Leiterin die Elterngespräche führt – besonders dann, wenn wir uns Sorgen um problematisches Verhalten oder Verhaltensänderungen von Kindern machen, bei denen wir einen familiären Zusammenhang vermuten. Viele Eltern sind dann so schnell auf der Palme, das ist unfassbar anstrengend. Irgendwie habe ich manchmal direkt Angst vor so einem Gespräch."

Sowohl in diesem als auch im nächsten Beispielen haben zwei gestandene Erzieherinnen in Worte gefasst, was ich so oder so ähnlich immer wieder von pädagogischen Fachkräften höre.

Erzieherin Birgit erzählt:

„Natürlich habe ich fundierte entwicklungspsychologische Kenntnisse. Es ist nur nicht so einfach, diese in Elterngesprächen so zu vermitteln, dass die Eltern das ohne Vorbildung auch verstehen und als Fakten anerkennen. Es ist so anstrengend, wenn Eltern dann versuchen, darüber zu diskutieren. Ich finde, es ist noch mal was ganz anderes, fachwissenschaftliche Inhalte in der alltäglichen pädagogischen Arbeit mit Kindern anzuwenden oder sie Eltern nahezubringen – womöglich noch in der Absicht, sie dazu zu bewegen, Erziehungsfehler oder riskantes Verhalten im Sinne des Kindeswohls zu ändern."

Im Falle einer Elterntrennung ist es offensichtlich, dass kindliche Verhaltensänderungen in der familiären Situation begründet sind. Doch so schambehaftet dieses Thema bei den Eltern ist, so sehr verunsichert es auch pädagogische Fachkräfte. Sie wollen nicht neugierig erscheinen oder sich über private Grenzen hinwegsetzen. Zugleich werden sie in Tür-und-Angelgesprächen Zeuginnen und Zeugen von Gefühlsausbrüchen oder elterlichen Verhaltensweisen, von denen sie annehmen, dass diese den Kindern schaden könnten.

9.1 Elterntrennung – ein sensibles Thema für alle Beteiligten

Kaum ein Thema verlangt so offensichtlich nach einer Kooperation und macht die notwendige Kommunikation mit Eltern so schwer. Es ist etwas ganz anderes, fundiertes pädagogisches und entwicklungspsychologisches Fachwissen in der alltäglichen Arbeit mit Kindern anzuwenden oder es an Eltern weiterzugeben. Gerade, wenn es um eine Trennung geht, scheinen sich Eltern durch Gespräche nur allzu oft in ihrer Kompetenz infrage gestellt und herausgefordert zu fühlen. Wenn dann noch Verhaltensauffälligkeiten oder besorgniserregende Veränderungen bei ihren Kindern angesprochen werden, wissen sie sich häufig nicht anders zu helfen, als ihrerseits das Fachwissen und das Urteilsvermögen der pädagogischen Fachkräfte zu hinterfragen. Hintergrund ist häufig das **Gefühl der Überforderung sowie Schuld- und Schamgefühle** im Zusammenhang mit der Trennung.

Hier geht es pädagogischen Fachkräften genauso wie allen anderen Fachleuten, die sich für die gesunde Entwicklung von Trennungskindern einsetzen. Ihre Intervention berührt die Beziehung von Eltern und Kindern und damit das intime, private Geschehen in der Familie des Kindes.

Für die pädagogische Arbeit mit Trennungskindern ist natürlich wichtig, auch um die Situation der Eltern zu wissen. Die notwendigen Informationen erhalten Fachkräfte umso eher, wenn sie betroffenen Eltern mit **Respekt, Wertschätzung und Mitgefühl** begegnen. Wir haben es mit ganz normalen Menschen zu tun, die sich in einem **persönlichen Ausnahmezustand** befinden. Einem psychischen und emotionalen Ausnahmezustand, der temporär, also vorübergehend ist. Wenn wir Trennungskinder bei der Verarbeitung dieser familiären Situation begleiten und unterstützen wollen, müssen wir auch das Vertrauen ihrer Eltern gewinnen, um mit ihnen kooperieren zu können.

Kita-Leiterin Birte berichtet:

„Wir pädagogischen Fachkräfte sehen uns ständig mit überzogenen Erwartungen konfrontiert. Wir sollen Kinder in ihrer Entwicklung begleiten, sie in allen Bereichen optimal fördern und fordern, gleichgültig, ob in ihrer musischen, ihrer sprachlichen, motorischen oder ihrer sozialen Entwicklung. Wir sollen Verhaltensauffälligkeiten und psychische Probleme erkennen, Elterngespräche führen, gleichbleibend freundlich, zugewandt und authentisch sein, jederzeit alle Kinder im Blick haben sowie Expertenwissen zu allem und jedem aus dem Ärmel schütteln ... Bei manchen Eltern stehen wir schon zu Beginn einer Begegnung mit dem Rücken zur Wand. Sie vermitteln dir das Gefühl, dich rechtfertigen zu müssen, noch ehe wir überhaupt in einen Austausch gekommen sind.“

Dieses Beispiel macht deutlich, dass nicht nur Eltern zeitweise überhöhte Erwartungen an pädagogische Fachkräfte haben, sondern auch die Fachkräfte selbst haben angesichts dieser hohen Anforderungen manchmal Schwierigkeiten, ihre **persönlichen und fachlichen Grenzen** zu erkennen, weil sie sich nicht dazu berechtigt fühlen, Fragen und Probleme zu delegieren. Oft scheinen pädagogische Fachkräfte die an sie gerichteten Erwartungen nicht enttäuschen zu wollen, weil sie befürchten, damit Anlass zum **Zweifel an ihrer fachlichen Kompetenz** zu geben. Doch das Gegenteil ist der Fall: **Professionalität zeichnet sich immer auch dadurch aus, sich der eigenen Grenzen und Zuständigkeiten bewusst zu sein.**

Erzieher Jens erzählt:

„Ich habe mich nach dem letzten Elterngespräch mit der Mutter von Sara total mies gefühlt, denn ich empfinde die Frau immer als irgendwie abweisend und arrogant. Sie bestätigte unsere Vermutung, dass sie sich von ihrem Mann getrennt hat bzw. – wie ich jetzt weiß – hat der sie wohl wegen einer anderen Frau verlassen. Sie wollte von mir wissen, wie das mit dem Haus zu regeln ist, ob sie dort mit den Kindern wohnen bleiben kann, obwohl das ihrem Mann gehört. Ich saß wie auf Kohlen und habe dann ganz ehrlich gesagt, dass ich hier kein Fachmann bin, dass ich der Meinung bin, dass ihr da ein Anwalt oder vielleicht auch die Beratungsstelle für Alleinerziehende weiterhelfen kann. Ich bin mit einem ganz komischen Gefühl aus dem Gespräch rausgegangen. Und gestern sprach sie mich doch tatsächlich ganz freundlich an und bedankte sich für den Tipp mit der Beratungsstelle. Sie sagte, ohne meinen Hinweis hätte sie niemals dorthin gefunden.“

Das ganze Problem der Trennung muss häufig interdisziplinär angegangen werden. Oft sind neben dem Elternhaus und der pädagogischen Einrichtung noch Rechtsanwälte und Rechtsanwältinnen, das Jungendamt, Verfahrensbeistände, eine Erziehungs- und eine Eheberatungsstelle involviert. Sämtliche mit einer Elterntrennung einhergehenden Probleme müssen arbeitsteilig angegangen werden. In Krippe, Kita, Hort und Grundschule geht es im Zusammenhang mit einer Elterntrennung **ausschließlich um die Trennungskinder** und die für ihre gesunde kindliche Entwicklung relevante Schnittstelle zu den Eltern. Vorrang sollte immer die an sich schon sehr anspruchsvolle pädagogische Arbeit haben.

Anders als bei psychisch kranken Eltern oder häuslicher Gewalt ist eine Elterntrennung ein akutes Ereignis wie etwa die Geburt eines Geschwisterkindes, der Umzug in eine fremde Stadt oder der Neuanfang nach einer Flucht. Diese einschneidende Veränderung wirkt sich für eine gewisse Zeit auf die betroffenen Kinder aus. Die Phase wird ausgelöst durch ein existenziell bedeutsames Ereignis und wird mittelfristig überwunden sein. Als Faustregel können wir davon ausgehen, dass das erste Vierteljahr für die Kinder besonders verunsichernd ist, die Situation sich für sie nach etwa einem Jahr in der Regel **stabilisiert** hat. Dann haben sich die Kinder an die Umgangsregelungen und an ihren neuen Alltag als Trennungskind gewöhnt. Was auch jetzt noch kritisch sein kann, ist ihre veränderte Beziehung zu den Eltern, die stark davon geprägt ist, wie diese ihre Konflikte miteinander austragen und ihre neue Kooperation als getrennte Eltern gestalten.

> Bildlich gesprochen unterstützen pädagogische Fachkräfte Trennungskinder, indem sie sie über eine wackelige, windanfällige Hängebrücke bis zur nächsten Etappe ihrer gesunden Entwicklung begleiten.

Das Wichtigste in der Zusammenarbeit mit Trennungseltern ist eine von Wertschätzung, Respekt und Mitgefühl getragene Haltung. Dies gelingt umso besser, je klarer sich pädagogische Fachkräfte des Umstands bewusst sind, dass es sich bei dieser Problematik um ein **Alltagsphänomen** handelt, das viele Familien betrifft.

9.2 Die besondere Erziehungspartnerschaft in der Krippe

Wenn pädagogische Fachkräfte in der Krippe mit Trennungseltern zu tun haben, dann sind das fast ausnahmslos Mütter. Kaum eine von ihnen hat sich diese erste Baby- und Kleinkindzeit als Alleinerziehende vorgestellt oder gar gewünscht, und in kaum einer Zeit brauchen Mütter insgesamt mehr Loyalität und Unterstützung vom Vater ihres Kindes.

Trennungsmütter von Kindern bis drei Jahren sind zum Beispiel noch einige Zeit nach der Geburt über das Stillen körperlich mit ihren Kindern verbunden. Ihre kleinen Kinder sind sehr fixiert auf sie. Allein die Eingewöhnung in die Krippe macht das in vielen Fällen deutlich. Trennungsväter wiederum fühlen sich häufig ausgeschlossen und ihrer Teilhabe an der Entwicklung ihres Kindes beraubt, sodass sich die gemeinsame Elternschaft gerade während dieser Zeit äußerst schwierig und konflikthaft gestaltet.

Die Erziehungspartnerschaft in der Krippe bietet pädagogischen Fachkräften die Möglichkeit, alleinerziehende Mütter zu stärken, indem sie hin und wieder anerkennende Worte finden und Verständnis für die belastende, schwierige Situation der Mütter signalisieren sowie deren Versorgungs- und Erziehungsleistung würdigen. Ein **interessiertes Feedback zur Entwicklung des Kindes** ist hier etwas ganz Besonderes ist, weil es im Alltag keinen Partner gibt, der Alleinerziehenden diese Bestätigung gibt.

Meiner Erfahrung nach sind bei alleinerziehenden Mütter von Kindern im Krippenalter die zentralen Themen zum einen die Enttäuschung über die mangelnde Anerkennung durch den Vater des Kindes und zum anderen das Gefühl, vom Vater des Kindes im Stich gelassen worden zu sein. Trennungsväter hingegen fühlen sich häufig ihrer Elternrechte beraubt. Es ist wichtig, dass pädagogische Fachkräfte dieses Dilemma kennen und sich gerade deshalb auf die Seite der Kinder stellen. Dazu gehört vor allem die sachliche Feststellung, dass Informationen über beide Eltern für Krippenkinder und damit auch für die pädagogische Arbeit wichtig sind (vgl. dazu Kapitel 6.2 und 6.4).

9.3 Regelmäßigkeit und Zuverlässigkeit im Elternkontakt

Regelmäßigkeit und Zuverlässigkeit im Kontakt zu beiden Eltern sind notwendige, ideale Voraussetzungen für eine **tragfähige Beziehung** von Anfang an. Dabei kommt es nicht auf die Häufigkeit oder auf die Dauer des Kontaktes an, sondern wirklich auf die Regelmäßigkeit.

In meinem Buch „Mit Kindern durch die Trennung“ habe ich dies am Beispiel einer brennenden Kerze verdeutlicht. Wenn wir uns einige Meter von ihr entfernen und sie mit heftigen Luftstößen auszupusten versuchen, so wird das nicht gelingen. Stoßen wir aus derselben Entfernung jedoch regelmäßig kleine, gleichbleibende Luftstöße in Richtung der brennenden Kerze, so wird sie nach kurzer Zeit erlöschen. Wichtig ist es in Anlehnung an dieses Beispiel, dass beide Elternteile ihr Kind regelmäßig sehen.

Da auch Kindergartenkinder noch keinen sicheren Zeitbegriff haben, haben sich Abreißkalender mit einem Blatt für jeden Tag bewährt, auf denen zum Beispiel die „Papa-Tage“ farblich gekennzeichnet werden.

Wenn die Konflikte zwischen den Eltern gerade sehr stark sind, hat das Einfluss auf die **Übergänge.** Häufig ist die Krippe dann der Ort, von dem der Vater das Kind abholt oder es wieder zurückbringt, also der Ort des Übergangs für das Kind. Oft versuchen Eltern dann die pädagogischen Fachkräfte zu Boten zu machen. Dagegen dürfen Sie sich abgrenzen! Hier hat sich ein **„Elternheft“,** in das beide Elternteile alle wichtigen Informationen hineinschreiben und das dann mit den Sachen des Kindes hin- und herwandert, sehr bewährt.

9.4 Eine Infothek für Eltern einrichten

Für die Betreuungseinrichtung – gleich ob Krippe, Kita, Schulkindbetreuung oder Grundschule – ist es sinnvoll, **entwicklungspsychologische Informationen** über die besonderen Bedürfnisse von Trennungskindern bereitzustellen. Damit schaffen pädagogische Fachkräfte und Lehrkräfte ein fachlich fundiertes Angebot, aus dem die Eltern auswählen können. Zur Infothek gehören zum Beispiel ein Info-Brett für Eltern, ein Schaukasten, ein Reader, Bilderbücher, Kinderbücher, Fachliteratur in Form von Sachbüchern oder Zeitschriften bzw. Zeitungsartikeln, Plakate und Flyer von Beratungsstellen.

Flyer und Visitenkarten können auch an einem „Elternbrett" ausgehängt werden, vor dem ein kleiner Tisch mit Literatur aufgestellt ist. Bei diesen Brettern besteht die Möglichkeit, Rubriken zu schaffen, zum Beispiel „Monatsthema". Darunter können dann kleine Plakate und Info-Texte zu ausgewählten Themen wie „Elterntrennung" oder „Das Familienbett", „Ein neues Geschwisterkind kündigt sich an" platziert werden.

Manche Einrichtungen verfügen über ein Elterncafé, das sich auch zum Auslegen von Literatur und Informationen eignet. In der Bibliothek oder in der großzügigen Eingangshalle kann eine gemütliche Elternecke mit dem Zugang zu Infomaterial eingerichtet werden.

Sie können auch dieses Buch dazu nutzen, einen kleinen **Reader** mit Informationen über die Bedürfnisse und Don`ts von und für Trennungskinder zusammenzustellen. Wenn Einrichtungen ein Konzept haben, in dem Trennungskinder explizit berücksichtigt sind, dann ist dies immer ein gelungener Anfang für einen Reader zum Thema. Hier können Sie auch Angebote wie Projektreihen oder Bilderbücher bzw. Kinderbücher vorstellen, die das Thema Elterntrennung und Familie kindgerecht aufgreifen.

> **Tipp:** Achten Sie darauf, diese Materialien nicht belehrend vorzustellen, sondern als sachlichen, informativen Hinweis. Dies gelingt umso einfacher, wenn das Thema Trennung eines unter mehreren ist, die Sie in Ihrer Infothek bündeln und zu denen Sie die entsprechenden Materialien zur Verfügung stellen.

Die Infothek zeigt Trennungseltern, dass ihre Themen in der Einrichtung präsent sind. Sie weist die pädagogischen Fachkräfte als kompetente Erziehungspartner und -partnerinnen aus, die sich fachlich und keinesfalls moralisch mit der Situation von Trennungskindern und ihren Familien beschäftigen. Auf diese Weise schaffen Einrichtungen eine Atmosphäre, in der betroffene Eltern sich öffnen können. Sprechen Sie Eltern mit dieser Infothek direkt an, indem Sie eine Mitarbeiterin oder einen Mitarbeiter benennen, der Anregungen und Fragen sammelt und Gespräche koordiniert. So erfahren Sie, was Eltern im Zusammenhang mit ihrer Trennung unter den Nägeln brennt und erhalten Anregungen für Themen-Elternabende.

9.5 Themen-Elternabende gestalten

In größeren Abständen können gruppen- oder klassenübergreifend Elternabende zu bestimmten Themen veranstaltet werden. Das Thema Elterntrennung ist in jedem Fall zu Beginn eines Krippen-, Kindergarten- oder Schuljahres gut platziert. So erhalten Eltern gleich zu Beginn die entlastende Information, dass eine Elterntrennung für die pädagogischen Fachkräfte kein Tabu-Thema ist.

Tipp: Als Einstieg zu einem Elternabend zum Thema Trennung können Sie Sätze wie „Mayas Papa ist ausgezogen" oder „Mama, jetzt kann ich dein Mann sein!" an einer Stellwand visualisieren. Sie werden sehen, dass Eltern diesen Impuls aufgreifen und miteinander ins Gespräch kommen. An diesen Auftakt kann sich ein kleiner Vortrag zum Anlass dieses Themen-Elternabends anschließen. Dabei kann es sich um die Information handeln, dass Sie dieses Thema als festen Bestandteil der Elternarbeit aufgreifen, weil viele Kinder in Ihrer Einrichtung davon regelmäßig betroffen sind. Natürlich ist auch jede andere Erklärung, wie etwa ein aktueller Anlass oder eine Fortbildung, denkbar, die Sie zu diesem Themen-Abend bewogen hat.

Sie können, aber müssen diese Themenabende als pädagogische Fachkräfte nicht allein gestalten. Es bietet sich an, Mitarbeiter oder Mitarbeiterinnen der regionalen Erziehungsberatungsstelle bzw. andere Fachleute als Referentin oder Referenten einzuladen. Das hat dann noch den positiven Nebeneffekt, dass sich Ihre Einrichtung auf diesem Wege mit relevanten Beratungsstellen vernetzt. Auch Kinder- bzw. Jugendpsychiater und -psychiaterinnen sowie Kinderärzte und -ärztinnen nehmen solche Anfragen oftmals gerne an. In Zusammenarbeit mit der örtlichen Buchhandlung können auch Kontakte zu Autorinnen und Autoren hergestellt werden, die sicher gerne zu einer Lesung zum Thema bereit sind. Wenn Sie in den sozialen Netzwerken unter dem Hashtag „Trennungskinder" nachschauen, so werden Sie dort in aller Regel mögliche Referentinnen und Referenten aus Ihrer Region finden.

9.6 Vernetzungsangebote für (Trennungs-)Eltern

Eine Elterntrennung führt zeitweise beinahe zwangsläufig zum Gefühl der Überlastung und der Isolation – gerade in den ersten beiden Trennungsphasen (siehe Seite 22). Wenn Sie mit der Aufnahme des Kindes in die Einrichtung das Einverständnis der Eltern einholen, Adresse und/oder Telefonnummer zur Vereinfachung organisatorischer Abläufe als Liste an die anderen Eltern weitergeben zu dürfen, so ist das eine kleine Maßnahme mit großer Wirkung. Diese Liste ermöglicht es Eltern zum Beispiel, Fahrgemeinschaften zu bilden und Verabredungen ihrer Kinder zu organisieren.

Sprechen Sie Eltern, die Ihnen geeignet und aufgeschlossen erscheinen, direkt an, um Sie zu bitten, gleich zu Beginn Messenger-Gruppen für alle Eltern der Gruppe oder Klasse einzurichten. Natürlich werden sich im Laufe der Zeit und mit besserem gegenseitigem Kennenlernen unter den Eltern Neigungsgruppen und Freundschaften bilden, doch mit einer solchen Gruppe zu Beginn fördern Sie das Gemeinschaftsgefühl und senken die Schwelle für Alleinerziehende erheblich. Manche Einrichtungen, die über ein Elterncafé verfügen, weisen besondere Zeiten für einen „Alleinerziehenden-Treff" aus. All diese kleinen organisatorischen Maßnahmen ergeben zusammen einen wichtigen Ankerplatz für Eltern, die durch eine Trennung in eine vorübergehende Krise geraten sind.

Möchten Sie gerade Alleinerziehenden einen Treffpunkt anbieten, obwohl Ihre Einrichtung nicht über geeignete Räumlichkeiten verfügt, sprechen Sie psychosoziale Beratungsstellen oder soziale bzw. kirchliche Organisationen an. In der Regel sind deren Räume vormittags nicht so stark belegt, und die sozialen Einrichtungen freuen sich über die Vernetzung. Gleichzeitig senken Sie so die Schwelle für eine Kontaktaufnahme mit Anbietern geeigneter Hilfsangebote für Trennungseltern.

10.

Im Blickpunkt: Das Elterngespräch

Das Vehikel für die lebendige Erziehungspartnerschaft in den pädagogischen Einrichtungen ist das Elterngespräch. Hier profilieren sich pädagogische Fachkräfte als vertrauenswürdige und kompetente Partner und Partnerinnen bei der Förderung und Begleitung der gesunden Entwicklung gerade auch von Trennungskindern – in einer Zeit unvermeidlicher, verunsichernder häuslicher Konflikte und Veränderungen.

Es gibt ganz verschiedenen Arten von Elterngesprächen. Elterngespräche, die sich spontan ergeben, und solche, die von der Einrichtung gezielt initiiert sind. Letztere sollten in Krippe, Kita und Nachmittagsbetreuung nach Möglichkeit von der Leitung geführt oder begleitet werden und in der Schule von der Klassenleitung.

10.1 Verschiedene Arten von Gesprächen mit Trennungseltern

Pädagogische Fachkräfte kennen ganz unterschiedliche Arten von Elterngesprächen. Hier stehen diejenigen Gespräche im Fokus, die speziell für die Zusammenarbeit mit Trennungseltern von Bedeutung sind.

Das Aufnahmegespräch

Das Aufnahmegespräch bietet pädagogischen Fachkräften die Chance, sich von vornherein über die Familiensituation zu informieren. Hier ist es empfehlenswert, den Aufnahmebogen oder Fragenkatalog, den Eltern für gewöhnlich von der Einrichtung erhalten, um die Frage nach der Familienkonstellation zu erweitern. Das könnte dann folgendermaßen aussehen:

- ○ Mein Kind lebt seit _____ mit seinen leiblichen Eltern zusammen
- ○ Mein Kind lebt seit _____ bei seiner Mutter
- ○ Mein Kind lebt seit _____ bei seinem Vater
- ○ Mein Kind lebt seit _____ in einer Patchworkfamilie mit seiner leiblichen Mutter
- ○ Mein Kind lebt seit _____ in einer Patchworkfamilie mit seinem leiblichen Vater
- ○ Mein Kind lebt seit _____ mit Stiefgeschwistern zusammen

Auf diese Weise wird Eltern vermittelt, dass es nichts Ungewöhnliches ist, wenn ein Kind nicht mit beiden Eltern – gleich welchen Geschlechts und welcher sexuellen Orientierung – zusammenlebt.

Fragen nach besonderen Ängsten oder negativen bzw. traumatisierenden Erfahrungen des Kindes sind in Aufnahmebögen durchaus üblich, und eine Elterntrennung kann auch Auswirkungen auf das betroffene Kind haben, die pädagogische Fachkräfte auf diese Weise einordnen können.

Die Frage nach dem Zeitpunkt der Trennung gibt erste Anhaltspunkte dafür, wie sich die häusliche Atmosphäre für das Kind gestaltet. Die Antwort ermöglicht eine grobe Einordnung in eine der fünf Trennungsphasen (siehe Seite 22), und die Fachkräfte erhalten so Hinweise auf typische Konflikte der betroffenen Kinder sowie die psychische Verfassung der Eltern.

Der Aufnahmebogen kann auch den Hinweis enthalten, dass es in der Einrichtung üblich ist, Alleinerziehende und Eltern in Trennungssituationen nach der Eingewöhnung zu einem Gespräch einzuladen, um zu sehen, ob und wie die Einrichtung unterstützen kann. Dies könnte folgendermaßen aussehen:

> „Viele Eltern sind alleinerziehend oder leben in Trennung. Dies stellt eine große Veränderung dar, die mit einer vorübergehenden Belastung auch für die Kinder einhergeht. Wir bieten betroffenen Eltern daher die Möglichkeit zu einem Gespräch, um zu sehen, ob und wie wir Sie in dieser Zeit unterstützen können.“

Tür-und-Angelgespräche und der Ruf nach Grenzen

Aus dem Kita-Alltag sind Tür-und-Angelgespräche nicht wegzudenken. Eltern wissen, dass sie die pädagogischen Fachkräfte beim Bringen oder Abholen der Kinder antreffen werden. Oft kommen sie dann schon mit dem Vorsatz, ein Gespräch zu suchen. Sie halten gezielt Ausschau oder warten, wenn die Fachkräfte gerade mit anderen Eltern beschäftigt sind. Häufig geht es dabei um organisatorische Fragen oder um die Befindlichkeit des Kindes.

Natürlich haben diese Zwischendurch-Gespräche Vorteile, wenn es um den schnellen Informationsaustausch, um kurze Absprachen, oder darum geht, Bescheid zu sagen, dass ein Kind am nächsten Tag erst nach dem Frühstück in der Einrichtung sein kann. Auch sind diese kurzen, flüchtigen Gespräche gut, um den Kontakt zu den pädagogischen Fachkräften aufzunehmen und zu pflegen.

Für Entwicklungsgespräche und Gespräche über die psychische Verfassung eines Kindes im Zusammenhang mit einer Elterntrennung sind diese flüchtigen Gespräche ohne jede Vorbereitung und Struktur jedoch ungeeignet. Hinzu kommt, dass diese Gespräche meistens im Beisein der Kinder geführt werden.

Besonders während der dritten Phase eines Trennungsprozesses (siehe Seite 22), in der die Gefühle aufbrechen, kommen Eltern manchmal spontan auf die pädagogischen Fachkräfte zu. Häufig treten sie dann mit Fragen im Zusammenhang mit dem Aufenthalt des Kindes beim anderen Elternteil an sie heran. Dann passiert es leicht, dass in diesen Fragen Skepsis und Kritik an der Zuverlässigkeit des anderen Elternteils subtil mitschwingen oder offen, ja sogar aggressiv zum Ausdruck kommen.

Die Mutter der dreijährigen Elena sagt zum Erzieher Markus:

„Wissen Sie, ob Elenas feiner Herr Vater denn dieses Mal an ihr Turnzeug gedacht hat?"
Eine solche Frage in einer unübersichtlichen, turbulenten Abhol-Situation ist eine große Herausforderung für jede pädagogische Fachkraft. Hier ist es ideal, wenn es gelingt, die Mutter für ein paar Worte zur Seite zu bitten.

Markus sagt daraufhin zu Elenas Mutter:

„Ich verstehe, dass Sie sich über Elenas Vater ärgern. Für dreijährige Kinder ist es jedoch sehr schwierig, wenn Eltern diese Gefühle in ihrem Beisein zum Ausdruck bringen. Was halten Sie davon, wenn wir uns zu einem Austausch über Elenas Situation zusammensetzen, wo wir dann auch die nötige Zeit und Ruhe haben?"

Damit signalisiert die pädagogische Fachkraft:

1. Ich sehe deine Gefühle
2. Ich habe Verständnis für deine Gefühle
3. Ich vertrete das Kindeswohl und reagiere als Fachkraft mit entsprechender Kompetenz
4. Mir liegt Elenas Wohl sehr am Herzen, und ich möchte mit Ihnen zusammenarbeiten

Bei vielen Eltern treffen die Fachkräfte mit dieser Ansprache auf offene Türen. Denn: Wenn Eltern ihr Verhalten reflektieren, wissen sie selbst intuitiv, dass es nicht gut ist, im Beisein des Kindes den anderen Elternteil abzuwerten.

Manchmal fühlen sich Eltern dann aber auch ertappt und gemaßregelt. Das äußert sich dann in einem Schwall von Rechtfertigungen. Darauf können Sie reagieren, indem Sie sagen: „Machen Sie sich keine Gedanken. Ich kann mir gut vorstellen, wie es Ihnen geht. Lassen Sie uns bald in Ruhe miteinander sprechen." Wenn es die Situation erlaubt, legen Sie flüchtig Ihre Hand auf den Oberarm des Elternteils und schauen ihm freundlich in die Augen. Dann entschuldigen Sie sich und verlassen die Situation. Sie können später einen Terminvorschlag in das Fach des Kindes legen.

Auf diese Weise macht die pädagogische Fachkraft deutlich:
1. Hier geht es um das Kind.
2. Dazu gibt es Regeln, an die sich auch Eltern halten müssen.
3. Wir sind an einem Austausch und an einer Zusammenarbeit interessiert.

Auch, wenn es manchmal naheliegend zu sein scheint, sind Verabredungen zu einem Vier- oder Sechs-Augengespräch bei einem Tür-und-Angelgespräch oft nicht günstig. Besser ist es, zeitnah eine kurze schriftliche Einladung zu überreichen oder in das Fach des Kindes zu legen. Auf diese Weise schafft die Fachkraft einen zeitlichen und räumlichen Rahmen, der der Wichtigkeit dieses Austausches gerecht wird. Sie stellt außerdem sicher, dass es keine unerwünschten Zuhörer und Zuhörerinnen gibt und schützt die Privatsphäre, indem sie einen sicheren Raum bietet, in dem auch Platz für intensive Gefühle wie Trauer, Enttäuschung und Wut bleibt.

Erzieherin Emely berichtet:

„Gestern hat mir Ernestos Mutter zwischen Tür und Angel energisch erklärt, sie wolle sicherstellen, dass wir Ernesto unter keinen Umständen mit seinem Vater gehen lassen, wenn dieser hier erscheinen sollte, um das Kind abzuholen. Sie war richtig wütend, und Ernesto versteckte seinen Kopf zwischen den an den Haken über der Bank hängenden Jacken. Er hatte seinen Daumen im Mund und schaute seine Mutter hilflos an.
Ich war richtig froh, dass wir uns in der letzten Fortbildung mit Elterngesprächen beschäftigt hatten. Obwohl ich innerlich geschockt war, konnte ich der Mutter gegenüber ruhig und freundlich bleiben. Es gelang mir, sie freundlich anzuschauen und sie meiner Aufmerksamkeit zu versichern. Dann sagte ich ihr, dass das ja offensichtlich ein ganz wichtiges Thema sei. Ich schlug vor, darüber so bald wie möglich ungestört und unter vier Augen zu sprechen. Ich bat sie ins Dienstzimmer. Dort schauten wir auf den Kalender und verabredeten uns auf eine Stunde in der nächsten Woche. Ich war richtig stolz auf mich, dass das so gut geklappt hat und Ernestos Mutter sich darauf eingelassen hat."

Das erste Gespräch mit Trennungseltern

Es empfiehlt sich, die Führung eines Gesprächs mit Trennungselter der Leitung zu übertragen. Manchmal führen die Leiterin oder der Leiter dieses Gespräch zusammen mit der pädagogischen Fachkraft, häufig aber auch allein, ganz so, wie es im Einzelfall geboten scheint. Das ist auch sinnvoll, denn schließlich ist es die Leitung, die letztlich die Verantwortung für die betroffenen Kinder trägt. Die folgende Abbildung stellt den Prozess dar, der aus der Initiierung und Intervention von Elterngesprächen resultiert.

Prozess der Erziehungspartnerschaft mit Trennungseltern

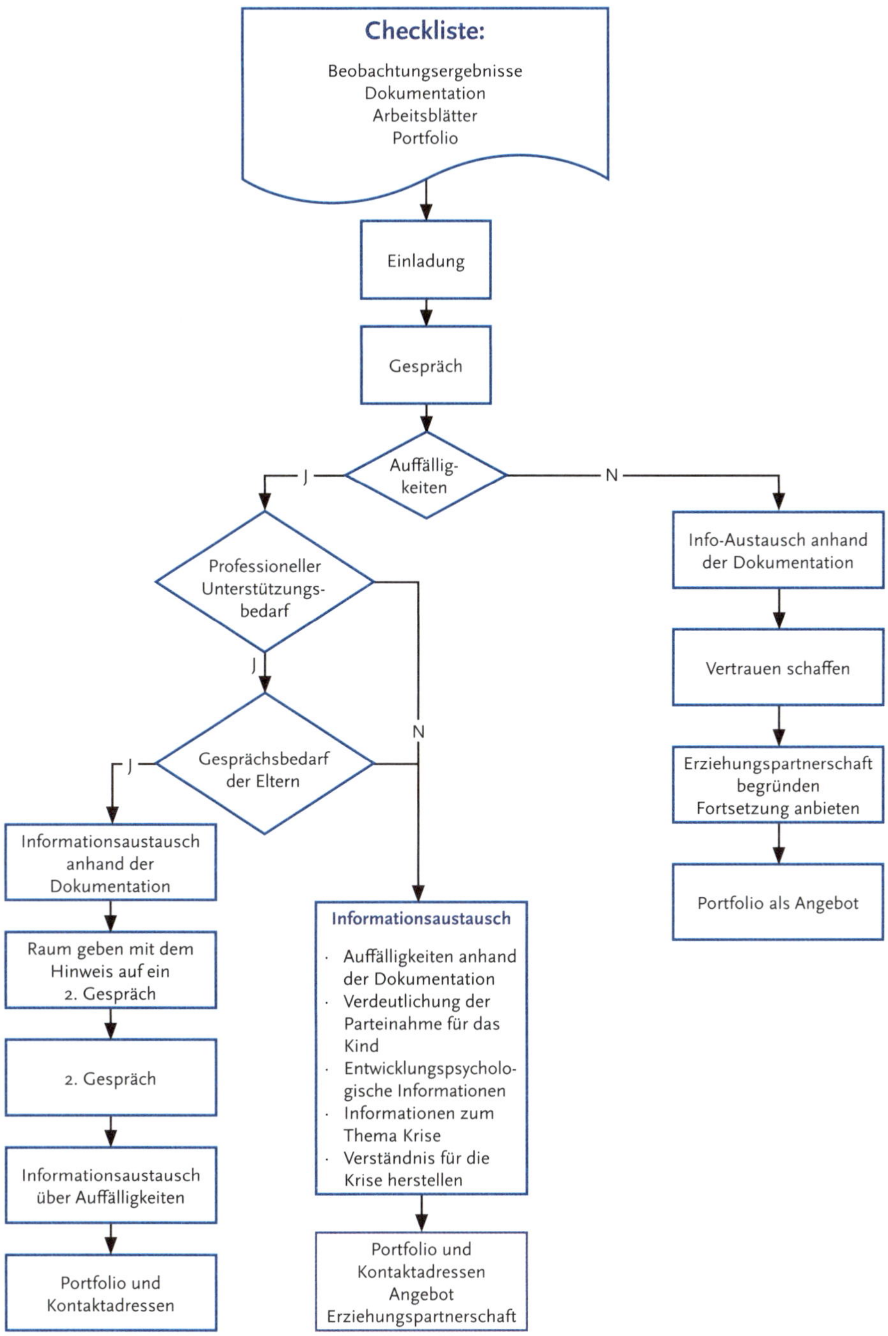

Es ist es wichtig, dass Sie sich gerade bei Trennungseltern **das Anliegen des ersten Gesprächs** noch einmal bewusst vor Augen führen und auch schriftlich fixieren. Dazu sollten Sie **folgende Fragen** beantworten:

1. Gibt es Auffälligkeiten im Verhalten oder in den Aussagen des Kindes, die auf eine Überforderung im Zusammenhang mit einer Elterntrennung schließen lassen?
   Können Sie diese Frage verneinen, dann geben Sie den Eltern eine entsprechende kurze Rückmeldung: „Sie haben uns ja mitgeteilt, dass Sie sich getrennt haben. Vielleicht freut es Sie zu hören, dass Ihr Kind diesbezüglich in unserer Kita völlig unauffällig ist."
   Führen Sie das Gespräch so wie jedes andere auch, indem Sie sich mit den Eltern darüber austauschen, wie es dem Kind in seinem neuen Lebensabschnitt in der Einrichtung geht. Überlassen Sie den Eltern die Entscheidung, ob sie die Trennung thematisieren wollen. Häufig informieren Eltern dann über das Betreuungsmodell, das zum Beispiel erklärt, an welchen Tagen Vater oder Mutter das Kind aus der Kita abholen.
2. Beobachten Sie Auffälligkeiten, die sich vor dem Hintergrund einer Trennung erklären lassen (siehe Seite 12) und die Sie in einer vertrauensvollen Erziehungspartnerschaft durch Ihre pädagogische Intervention aufgreifen können, um dahinterstehende typische Ängste und Verunsicherungen aufzulösen?
   Erläutern Sie den Eltern, woran Sie diese Beobachtung genau festmachen. Erörtern Sie Ihre Beobachtungen anhand von entwicklungspsychologischen Erkenntnissen über kindliche Glaubenssätze, die Bedeutung von Loyalitätskonflikten und das kindliche Bedürfnis einer Beziehung zu beiden Eltern.
3. Haben Sie den Eindruck, dass die von Ihnen beobachteten Verhaltensauffälligkeiten des Kindes einer professionellen Begleitung oder einer therapeutischen Intervention bedürfen?
   Hier wird das Ziel sein, die Eltern dazu zu ermutigen, eine Erziehungsberatungsstelle aufzusuchen oder ein anderes, geeignetes Angebot wahrzunehmen. Das Vorgehen ist zunächst dasselbe wie bei der Reaktion auf die zweite Frage. Nur wird es in diesem Fall wichtig, die Eltern von der Notwendigkeit professioneller Intervention zu überzeugen.

Oft stellt die Darstellung des kindlichen Verhaltens durch die pädagogische Fachkraft einen Wendepunkt im ersten Gespräch dar, an dem Eltern von sich aus über ihre persönliche Situation, ihre Konflikte, Sorgen und Belastungen im Zusammenhang mit der Trennung sprechen. Wenn das der Fall ist, dann geben Sie den Eltern, unabhängig von Ihrem direkten Anliegen, Raum. Sätze wie „Wissen Sie, wir haben eigentlich immer Kinder hier, deren Eltern sich gerade trennen oder getrennt haben. Ihr Kind ist da keine Ausnahme." haben sich als Einleitung und Ermutigung bewährt.

Auf diese Weise erhalten Sie **wichtige Informationen** über die Strittigkeit, häusliche Konflikte und die psychische Verfassung Ihres Gegenübers. Zeigen Sie sich hier verständnisvoll, so trägt dies ganz sicher zu einer **vertrauensvollen Zusammenarbeit** mit den Eltern bei. Wenn Sie dies aus einer Haltung heraus tun, die deutlich macht, dass der Fokus Ihrer Arbeit auf der **gesunden Entwicklung des Kindes** liegt, so bringen Sie zudem Ihre Kompetenz und Erfahrung in der pädagogischen Arbeit zum Ausdruck. Dies qualifiziert Sie noch einmal mehr für die Erziehungspartnerschaft.

Verhalten Sie sich so, wie im Kapitel über das Setting (siehe Seite 95f.) beschrieben, und weisen Sie zum Ende des Gesprächs auf die wichtige Bedeutung dieses Treffens für Sie hin. Grenzen Sie sich jedoch in ihrer Zuständigkeit deutlich ab, indem Sie den Eltern eine Zusammenstellung von Hilfsangeboten aushändigen, in der die Stellen markiert sind, bei denen Sie die Eltern in ihrer persönlichen Krise gut aufgehoben sehen. Machen Sie unmissverständlich klar, dass Sie ein zeitnahes Gespräch, in dem es ausschließlich um die Bedürfnisse des Kindes und dessen gesunde Entwicklung gehen soll, für wichtig halten. Vereinbaren Sie am besten direkt einen Termin.

Sind Eltern bei diesem ersten Gespräch so gefestigt oder brauchen sie den Raum und die persönliche Unterstützung nicht, können Sie die Zeit bereits zum reinen Austausch über das Kind nutzen. Sie werden zu Ihren Beobachtungen, Ihrer Besorgnis und zu den von Ihnen in Betracht gezogenen pädagogischen oder therapeutischen Maßnahmen überleiten, indem Sie entsprechende Stellen aus Ihrer dokumentierten Beobachtung zitieren und vor dem entwicklungspsychologischen Hintergrund erläutern, worin Ihre Sorge begründet ist.

Vielleicht legt das Verhalten eines Kindes nahe, dass es sich an der Trennung seiner Eltern schuldig fühlt. Dann reicht es völlig aus, wenn Sie den Eltern sagen, dass Kinder das Trennungsgeschehen und auch die Konflikte unter den Eltern immer mitbekommen und dass sie sich, wenn Eltern nicht mit ihnen darüber sprechen, die Situation mit ihren altersbedingten „Bordmitteln“ erklären. Dazu gehört, dass Kinder sich spontan für die Trennung verantwortlich fühlen – was sie natürlich zwangsläufig überfordert. Erläutern Sie, wie Sie in der Einrichtung diesen entwicklungsbedingten Schuldgefühlen entgegenwirken. Empfehlen Sie den Eltern vor allem, dem Kind ganz deutlich zu machen, dass ihre **Trennung nichts mit ihm zu tun hat.**

Vielleicht interpretieren Sie das Verhalten eines Kindes auch so, dass es schwere Loyalitätskonflikte aussteht. Dann erläutern Sie genauso, dass dies typisch für Trennungskinder ist. Erklären Sie den Eltern anhand Ihrer Beobachtungen, woran Sie dies festmachen. Erläutern Sie die Gefahr, die davon für die gesunde kindliche Entwicklung ausgeht. Berichten Sie den Eltern von Ihrer pädagogischen Intervention, empfehlen Sie Literatur oder Bilderbücher für Erwachsene und Kinder. Weisen Sie auf entsprechende **Hilfsangebote in der Umgebung** hin und machen Sie deutlich, dass sich die Unterstützungsmöglichkeiten Ihrer Einrichtung auf den Austausch von Informationen im Rahmen der Erziehungspartnerschaft beschränken müssen.

Betrachten Sie die Loyalitätskonflikte eines Kindes als so weit fortgeschritten, dass dies seine gesunde Entwicklung akut gefährdet, sprechen Sie auch diese Beobachtung ruhig und zugewandt an. Stehen Sie dazu, dass aus pädagogischer Sicht eine **psychologische Intervention** unerlässlich ist und zeitnah erfolgen sollte.

Nutzen Sie bei dem Gespräch den vorbereiteten Bogen zur Erfassung der Trennungsphase und den für die familiären Ressourcen (beide Seite 101), indem Sie eintragen oder ankreuzen, was Ihnen bedeutsam erscheint. Fragen Sie gegebenenfalls nach, um Ihre Einschätzung zu überprüfen, indem Sie zum Beispiel den genauen Trennungstermin erfragen oder **Ressourcen** abklopfen, indem Sie danach fragen, ob es Menschen im näheren Umfeld gibt, die gerne einmal die Betreuung des Kindes übernehmen.

Schätzen Sie die Eltern als hochstrittig ein, sprechen Sie aus, was Sie wahrnehmen. Machen Sie deutlich, dass diese Situation für Kinder ganz schwierig ist. Und machen Sie unmissverständlich klar, dass Sie die elterlichen Streitigkeiten keinesfalls bewerten, sondern sich als Vertreter bzw. Vertreterin des Kindes verstehen und aus dieser Position heraus dringend dazu raten, eine Beratungsstelle aufzusuchen. In der Regel werden Sie jedoch feststellen, dass Eltern für Ihre Hinweise dankbar sind und erleichtert kooperieren.

10.2 Ziele der Elterngespräche im Trennungsfall

Gerade, wenn es um Trennungskinder und deren Eltern geht, ist es wichtig, sich über die Ziele klar zu sein, die Sie mit einem Gespräch verfolgen. Sie sollten sich dabei immer wieder vor Augen führen, dass jedes dieser Gespräche sich auf das Vertrauen auswirkt, das Eltern in Ihre pädagogische Arbeit setzen. Es ist wichtig, sich sicher zu sein, welche fundierten Informationen Sie den Eltern vermitteln wollen und welche Sie von den Eltern möchten. Dies sollten Sie – zumindest für sich selbst – begründen können, auch, wenn Eltern gar keine Begründung einfordern.

Vertrauen schaffen

Bevor wir uns dem Setting, der Vorbereitung und der Gestaltung eines Elterngesprächs im Zusammenhang mit Trennungskindern widmen, sollten wir uns darüber klar werden, welche Absicht wir mit einem solchen Gespräch verfolgen. Auch geht es darum, unsere Grenzen in einem Elterngespräch klar zu definieren.

Das bedeutet: Eine pädagogische Fachkraft sollte sich im Klaren darüber sein, was ein Elterngespräch im Zusammenhang mit einer Elterntrennung *nicht* sein soll und kann. Ganz bestimmt kann ein Gespräch mit Trennungseltern **kein Therapiegespräch** sein. Dazu bedarf es einfach zu vieler Voraussetzungen, die in Kindertageseinrichtungen nicht gegeben sind.

Übergeordnet ist allen Gesprächsanlässen und -inhalten, das Vertrauen der Eltern in die Arbeit der pädagogischen Fachkräfte zu stärken, um im Sinne einer gesunden kindlichen Entwicklung zu einer bestmöglichen Erziehungspartnerschaft zu gelangen. Egal, ob es sich um das Aufnahmegespräch, das Erstgespräch, ein Entwicklungsgespräch, um ein Beratungsgespräch, ein Konfliktgespräch oder um ein Tür-und-Angelgespräch handelt, jedes Gespräch hat das Potenzial, die **Kooperation zwischen Kita und Eltern zu stärken.** Je größer das gegenseitige Vertrauen, umso besser für das Kind. Wenn in schwierigen Situationen alle an einem Strang ziehen, so stärkt das sein Vertrauen in die Welt und damit sein Selbstvertrauen. Es geht darum, entwicklungsbedingten Missverständnissen keinen Vorschub zu leisten und keine unnötigen Scham- und Schuldgefühle zu nähren.

Austausch von Informationen

Ein Austausch geschieht immer gegenseitig. Selbst dann, wenn wir nur zuhören, transportieren wir eine Botschaft. Wir zeigen damit **Interesse an unserem Gegenüber.** Die Einrichtung bekommt im Rahmen dieses Austausches Hinweise auf die häusliche Situation eines Trennungskindes. Die Informationen aus dem Aufnahmebogen sowie die Verfassung der Eltern liefern weitere Anhaltspunkte für den familiären Hintergrund des Kindes.

Anders als bei Entwicklungsgesprächen stehen bei einem speziell für Trennungseltern konzipierten Gespräch zunächst die Eltern im Zentrum des Interesses. Sie sind es, deren psychische Situation eng mit dem kindlichen Erleben der Trennung verknüpft ist. Die pädagogische Fachkraft macht sich ein Bild von deren Belastung und bekommt Hinweise darauf, in welcher Trennungsphase, in welcher psychischen Verfassung sich ihr Gegenüber gerade befindet. Darüber erhält die Einrichtung Informationen über familiäre Ressourcen und die individuelle Belastung bzw. Überforderung der Trennungseltern.

Das Wissen um die Phasen hilft bei der Einschätzung, wie verunsichert ein Kind gerade ist, welche Bedürfnisse, welche Ressourcen es hat und welchen entwicklungsbedingten Missverständnissen Lehr- und Fachkräfte entgegenwirken können.

Im Gegenzug erhalten Eltern von der Fachkraft entwicklungspsychologische Informationen über spontane kindliche Interpretationen der Trennungssituation („Ich bin schuld, dass sich meine Eltern trennen!"), über entwicklungsbedingte innere Konflikte von Kindern wie dem Schwanken zwischen Allmachtsfantasien und der zunehmend realistischen Wahrnehmung der Wirklichkeit (siehe auch Seite 40; 46; 48f.; 58; 62).

Es ist also ein komplexes, vielschichtiges Bild, das Lehr- und Fachkräfte sich machen und dokumentieren müssen, bevor ein konstruktives Gespräch mit den Eltern überhaupt erst möglich wird. Wenn sich Lehrkräfte und pädagogische Fachkräfte auf die **entwicklungspsychologischen Erkenntnisse** und das **sorgfältig beobachtete Verhalten eines Kindes** beziehen, schaffen sie die fachliche Grundlage, um sein Verhalten einordnen und deuten zu können. Damit bieten sie Eltern eine wichtige Unterstützung zur Reflexion ihres Umgangs miteinander und mit dem Kind an. Die Einrichtung erhält wichtige Informationen darüber, worauf die Mitarbeiterinnen und Mitarbeiter im pädagogischen Alltag mit dem Kind besonders achten sollten, um möglichen häuslichen Verunsicherungen **Zuverlässigkeit, Regelmäßigkeit und gesunde Grenzen** entgegensetzen zu können. Auch sollte im Blick behalten werden, wann möglicherweise eine professionelle Unterstützung – etwa durch eine Erziehungsberatungsstelle – notwendig erscheint.

Jaris braucht Unterstützung

Die Mutter von Jaris hat im Aufnahmebogen angegeben, dass ihr Sohn seit zwei Wochen mit ihr alleine lebt. In der Gegenwart von Erwachsenen erscheint der Junge schüchtern, doch nach wenigen Tagen benimmt er sich in der Spielgruppe sehr großspurig, beinahe diktatorisch. Damit zeigt er das typische Verhalten eines Dreijährigen, der zwischen seinen Größenfantasien und dem Gefühl der Abhängigkeit von Erwachsenen hin und her schwankt. Dieser Konflikt wird befeuert, wenn ein Kind dieses Alters zuhause keine angemessenen Grenzen erfährt. Dann suchen sich die Größenfantasien der Kinder im Spiel mit Gleichaltrigen durch Verhaltensweisen ein Ventil, die dem Trennungskind neue Schwierigkeiten in der Spielgruppe einbringen. Während Kinder mit einem sicheren häuslichen Hintergrund ihr Verhalten leichter korrigieren und regulieren können, brauchen Trennungskinder möglicherweise manchmal die Unterstützung durch die pädagogische Fachkraft, um sich an die Regeln der Spielgruppe anpassen zu können und nicht in eine Außenseiterposition zu geraten.

Im Zusammenhang mit dem Aufnahmebogen bietet diese Beobachtung bereits eine solide Grundlage für ein Gespräch mit der Mutter. Selbst, wenn diese noch in der Schockphase der Trennung steckt, kann die Fachkraft ihr Informationen darüber anbieten, warum es so wichtig ist, gerade kleine Jungen nach dem Auszug des Vaters in **kindgerechte Grenzen** zu verweisen. Je nachdem, woher die Überforderung des Jungen rührt, kann die Fachkraft darauf hinweisen, dass es gerade jetzt wichtig ist, dass das Kind zum Beispiel im eigenen Bett schläft. Die Fachkraft wird im Gespräch darüber hinaus auf die Infothek verweisen und deutlich machen, dass sowohl das häusliche räumliche Setting als auch die deutliche Unterscheidung der Elternebene und der des Kindes wichtig für dessen gesunde Entwicklung sind.

Fundierte Information statt therapeutischer Intervention

Der exklusive Austausch mit Trennungseltern, also das einmalige, auf die Situation und Befindlichkeit der Erwachsenen ausgerichtete Setting, dient der Begründung einer vertrauensvollen Erziehungspartnerschaft. Die Fachkräfte erheben Informationen, die für die Gestaltung ihres pädagogischen Handelns enorm wichtig sind.

Erzieherin Hilde berichtet:

„Mattis ist gerade vier Jahre alt und zeigte mir neulich ein Bild, auf dem er einen Kirchturm und ein dickes, schwarzes Kreuz gemalt hat. Er sagte: ‚Da ist Papa!' Ich habe mich zunächst erschrocken und fragte mich, ob sein Vater vielleicht verunglückt sei. Doch das hätten wir mitbekommen, ging es mir durch den Kopf. Mir fiel das Gespräch mit seiner Mutter wieder ein. Die Eltern hatten sich vor ein paar Monaten getrennt und der Vater war mit seiner neuen Freundin irgendwo im Ausland. Er hatte den Kontakt zu seiner Ex-Frau und dem Jungen abgebrochen. Die Mutter hatte erzählt, dass es ihr sehr schwerfällt, mit dem Jungen über seinen Vater zu sprechen. Sie hatte Angst, der Junge könnte sich ungeliebt und abgelehnt fühlen. Es war für mich sehr schwierig, auf das Bild zu reagieren. Ich habe mich dann an die Fakten gehalten und zu Mattis gesagt: ‚Ich glaube nicht, dass dein Papa tot ist.' Ich habe unsere Leitung informiert, und wir haben Mattis' Mutter um ein kurzes Gespräch gebeten, als diese ihn abholen kam. Eine Kollegin hat sich in der Zeit um Mattis gekümmert. Aufgrund des vorausgegangenen Gesprächs über ihre Trennung war es leicht, der Mutter zu raten, möglichst schnell mit ihrem Kind über die Situation zu sprechen. Sie war ebenfalls schockiert über das Bild und sah die Notwendigkeit genauso wie wir. Außerdem entschloss sie sich, unser Info-Material zur Hand zu nehmen, um sich bei der Erziehungsberatung professionellen Beistand in dieser Situation zu suchen. Dazu haben wir sie sehr ermutigt. Wir haben Mattis' Mutter gesagt, dass die Abwesenheit des Vaters gerade für einen Jungen im Kindergartenalter problematisch ist, weil er sich aufgrund seines magischen Denkens dafür persönlich verantwortlich fühlen könnte. So erklären sich auch Mattis' Fantasien, der Vater könne – womöglich durch die Kraft seiner kindlichen Vorstellung – gestorben sein."

Dies ist ein gutes Beispiel für hochprofessionelles Handeln. Die pädagogische Fachkraft hat das Problem des Jungen mithilfe ihres Fachwissens erfasst, die Mutter darüber informiert und die **Grenzen ihres pädagogischen Handelns aufgezeigt,** indem sie die Mutter ermutigt hat, sich um professionelle Hilfe zu bemühen.

Das Beispiel zeigt deutlich die Grenze zwischen der fachlichen Information durch die pädagogische Fachkraft und einer therapeutischen Intervention. Pädagogische Fachkräfte können mit ihrem fundierten Wissen Probleme klar erkennen und benennen. Dieses Wissen wird dann auch dazu genutzt, Betroffene an die richtigen Stellen zur Behandlung des Problems weiterzuleiten.

Abgrenzung zwischen pädagogischer und therapeutischer Intervention

Für Menschen, die die Entwicklung von Kindern begleiten, stehen natürlich die Bedürfnisse und die Unterstützung des Kindes im Mittelpunkt der professionellen Tätigkeit. Damit sind pädagogische Fachkräfte parteiisch – und zwar als Unterstützung der ihnen anvertrauten Trennungskinder.

In einem therapeutischen Prozess geht es darum, eine Beziehung zu Klientinnen und Klienten aufzubauen, die mit der Zeit als so sicher empfunden wird, dass diese die Konfrontation mit den eigenen Anteilen aushalten, um Konflikte bearbeiten zu können. Therapeutische Interventionen zielen darauf ab, alte Muster, die für diese typischen Konflikte verantwortlich sind, zu überwinden und Menschen dabei zu begleiten und zu unterstützen, sich in ihrer Persönlichkeit weiterzuentwickeln.

Eine pädagogische Fachkraft sollte sich darüber im Klaren sein, dass ein Elterngespräch kein Therapiegespräch sein kann. In der therapeutischen Begleitung würde der Fokus eindeutig auf der psychischen Verfassung der Mutter liegen, und dies widerspricht der originären Aufgabe von pädagogischen Fachkräften: d er Arbeit am Kind.

10.3 Das Setting des Elterngesprächs

Der Begriff „Setting“ kommt aus der Psychotherapie. Damit werden alle Faktoren bezeichnet, die die Gesprächsatmosphäre, die Zielsetzung des Gesprächs sowie die therapeutische Haltung unterstützen. Dazu gehören Raum, Zeit, die Sitzordnung, die Gestaltung der Eröffnung und des Abschlusses eines Gesprächs. Inzwischen findet dieser Begriff für alle professionellen Gespräche Anwendung.

Einzelgespräche oder gemeinsame Gespräche?

Erfahrungsgemäß ist es für die pädagogischen Fachkräfte einfacher, mit den Eltern einzeln zu sprechen. Ein Gespräch speziell über die Trennungskrise braucht diesen **geschützten Raum,** um über die schmerzhafte Situation reden zu können. Noch entscheiden sich Eltern mit Kindern bis zehn Jahren am häufigsten für das sogenannte Residenzmodell (siehe Seite 108): Es gibt einen Alltags-Elternteil – in der Regel die Mutter – und einen Wochenend-Elternteil. Dementsprechend ist es meistens die Mutter, mit der es die pädagogischen Fachkräfte in der Einrichtung zu tun haben. Ihr kann es überlassen werden, den Vater zu informieren. Die Einrichtung hat diesbezüglich keinen Auftrag, denn für sie steht allein das Kind im Fokus.

Je nach Stand des Trennungsprozesses können Eltern strittig sein oder auch den Kontakt zueinander möglichst vermeiden, auch da muss die Einrichtung nichts regeln. Teilen sich die Eltern das Sorgerecht und besteht zum Beispiel der Vater auf einem Gespräch mit den pädagogischen Fachkräften, so werden diese seinem Wunsch sicherlich nachkommen. Natürlich ist ein gemeinsames Gespräch wünschenswert, doch macht dies während konflikthafter oder strittiger Phasen erfahrungsgemäß wenig Sinn.

Stellt sich während eines Gesprächs heraus, dass Eltern so zerstritten sind, dass sie die Gespräche dazu nutzen, um ihrem Ärger über den anderen Luft zu machen, so dürfen Sie bestimmt und vernehmlich **„Stopp"** sagen. „Wir haben Sie zu diesem Gespräch eingeladen, weil uns die gesunde Entwicklung Ihres Kindes am Herzen liegt. Uns interessiert nicht, worüber Sie streiten. Uns interessiert die Tatsache, *dass* Sie streiten. Denn das ist es, was Ihr Kind beschäftigt. Mir ist bewusst, dass es schwierig und belastend ist, Konflikte mit dem Ex-Partner/der Ex-Partnerin auszutragen. Wir als pädagogische Fachkräfte haben hier den Vorteil, dass wir **ganz und gar auf der Seite des Kindes** stehen."

Zeigt das Kind auffällige Verhaltensweisen, die mit dem Zerwürfnis der Eltern im Zusammenhang stehen könnten, so konfrontieren Sie die Eltern damit: „Wir beobachten, dass Sie miteinander in starke Konflikte verstrickt sind und empfehlen, eine Erziehungsberatungsstelle oder eine andere geeignete Einrichtung aufzusuchen. Denn wir erleben, dass Ihr Kind unter diesen Konflikten leidet und sehen eine Gefährdung seiner gesunden Entwicklung, wenn nichts geschieht."

In solchen Fällen ist es immer sinnvoll, Eltern neben dem Portfolio mit Hilfsangeboten (siehe Seite 108) auch die Adressen ausgewählter, geeigneter Beratungsstellen auszuhändigen. **Hier endet die Zuständigkeit pädagogischer Fachkräfte.**

Der Raum für das erste Gespräch

Überlegen Sie, wo Sie das erste Gespräch über die Trennungssituation führen möchten. Wenn es die Möglichkeit gibt, sich im Gruppenraum des Kindes zu treffen, dann hat das viele Vorteile. Die Atmosphäre im Gruppenraum vermittelt den Eltern ein Gefühl dafür, wo sich ihre Kinder tagsüber aufhalten. Arbeitsergebnisse wie Bilder, Exponate von Konstruktionsspielen, Gesellschaftsspiele, Geburtstags- und Jahreszeitenkalender, Fensterbilder, Fotos der Kinder an der Wand – all das vermittelt einen Eindruck von der bunten und freundlichen der Welt des Kindes, in der die einladende pädagogische Fachkraft eine wichtige Rolle spielt.

Gut wäre es, wenn dort für das Elterngespräch zwei Stühle für Erwachsene entweder gegenüber oder über Eck aufgestellt werden. Auf einem Tisch oder Tischchen zwischen den Stühlen sollte ein Päckchen Papiertaschentücher oder eine Tücherbox bereitliegen, da erschöpfte Eltern manchmal zu weinen beginnen, wenn sie darüber sprechen, welche Sorgen sie sich machen, dass ihre Kinder unter der Trennung leiden könnten. Dies ist auch ein Signal für die Eltern. Es bedeutet, dass **Gefühle hier erlaubt** sind.

Der zeitliche Rahmen

Stecken Sie im Vorfeld den zeitlichen Rahmen für das Gespräch ab und vergessen Sie nicht, diesen auch gleich zu Beginn des Treffens den Eltern mitzuteilen: „Schön, dass Sie da sind, Frau/Herr Müller! Wir haben jetzt eine Stunde/50 Minuten Zeit für unser Gespräch."

Behalten Sie die Zeit im Auge, die Sie für dieses Gespräch veranschlagt haben. Eine gut sichtbar aufgestellte Uhr oder ein Wecker tut da gute Dienste. Etwa zehn Minuten vorher kündigen Sie an, dass sich die Zeit dem Ende zuneigt. Das hilft dem Gegenüber, sich zu sammeln, um gefasst aus dem Gespräch gehen zu können.

Die Gesprächsatmosphäre

Die Atmosphäre für das Gespräch sollte nicht zu kuschelig, zu privat sein und auch nicht an eine professionelle, therapeutische Situation erinnern. Das würde nur zu Missverständnissen und zu unrealistischen Erwartungen führen.

Marlen, pädagogische Fachkraft, erzählt:

„Ich wollte es besonders gut machen. Die Mutter sollte sich so richtig willkommen und wohl fühlen. Auf dem Tischchen zwischen unseren Stühlen stand eine schöne Kerze, die ich dann anzünden wollte. Dazu hatte ich einen hübschen Keksteller arrangiert. Eine Kanne Tee stand auf einem Stövchen, daneben ein Blumensträußchen, das die Kinder im Außengelände gepflückt hatten."

Ich denke, es ist klar, dass die wohlmeinende pädagogische Fachkraft mit ihren Bemühungen deutlich über das Ziel hinausgeschossen ist. Doch es gibt auch das Gegenteil:

Eine Mutter berichtet über ihr Gespräch mit der Einrichtungsleitung:

„Aufgeregt klopfte ich an die Tür mit der Aufschrift ‚Büro'. Hinter einem Schreibtisch mit Stapeln von Papier empfing mich die Leiterin nickend, denn sie war gerade in einem Telefonat. Mit dem ausgestreckten Arm bedeutete sie mir, auf einem Stuhl Platz zu nehmen, der zwar für Erwachsene gedacht war, auf dem ich mich jedoch sehr klein fühlte. Die Corona geschuldete Plexiglasscheibe, die zwischen uns am Rande des riesigen Schreibtisches angebracht war, erinnerte an die Atmosphäre vor einem Bankschalter. Ich fühlte mich unwohl und wollte dieser Person nicht länger beim Telefonieren zuhören, während immer wieder Mitarbeiterinnen in den Raum kamen, irgendetwas holten, brachten und dann wieder verschwanden. Ich sah auf die Uhr, es war bereits 15 Minuten nach dem vereinbarten Termin, sodass ich schon unsicher war, ob ich mich vielleicht im Tag geirrt hatte."

Auch dieses Beispiel beschreibt ein Extrem. Beide zeigen eine Atmosphäre auf, die für ein Gespräch mit Trennungseltern wenig geeignet ist. Das Gespräch, zu dem pädagogische Fachkräfte eingeladen haben, sollte eine kollegiale Atmosphäre ausstrahlen. Gerade in Kita und Krippe ist darauf zu achten, dass alle Gesprächspartner und -partnerinnen einen für Erwachsene geeigneten Stuhl bekommen. Man sollte sich im wahren Wortsinn **„auf Augenhöhe"** begegnen können. Pünktlichkeit seitens der Einrichtung versteht sich von selbst. Natürlich können Getränke wie eine Kanne Kaffee sowie eine Karaffe Wasser mit zwei Gläsern bereitgestellt sein.

Die freundliche Begrüßung durch die pädagogische Fachkraft gibt Eltern das Gefühl, willkommen zu sein und im Zentrum der Aufmerksamkeit zu stehen. Findet das Gespräch im Gruppenraum des Kindes statt, so wird auch deutlich, dass Fachkraft und Eltern eine wichtige, zugewandte Rolle im Leben des Kindes spielen, dessen gesunde Entwicklung beide partnerschaftlich unterstützen wollen.

Gesprächseinstieg, Abschluss & Ausblick

Sind Eltern sehr zurückhaltend, so haben sich zum **Gesprächseinstieg** Aussagen wie „Wissen Sie, Ihre Situation ist bei weitem kein Einzelfall. Inzwischen erlebt fast jede zweite Familie einmal eine Trennung, das merken wir natürlich auch hier in unserer Einrichtung" als Türöffner bewährt.

Die Fachkraft kann zu Beginn auch Angaben aus dem Aufnahmebogen aufgreifen, indem Sie etwas sagt: „Wie geht es Ihnen? Sie sind alleinerziehend, nicht wahr? Wie darf ich mir Annis häusliche Situation und den Kontakt zum anderen Elternteil vorstellen?"

Stehen Sie dazu, dass Sie sich zum **Abschluss des Gesprächs** ein Feedback wünschen. Sie können Fragen wie „Nun, Frau Müller, wie gehen Sie aus dem Gespräch?" stellen oder sagen: „Ich wüsste so gerne, was Sie heute aus unserem Gespräch mitnehmen."

Sie können auch selbst mit dem Feedback anfangen, indem Sie etwa sagen: „Ich möchte mich für Ihre Offenheit und Ihr Vertrauen bedanken. Ich weiß, wie schwierig Ihre momentane Situation ist. Ich kann Ihnen versichern, dass die Krippe (Kita, Schule, Hort) alles dafür tut, dass Ihr Kind unbeschadet durch diese familiäre Veränderung kommt. Doch sagen Sie einmal: Wie gehen Sie aus diesem Gespräch heraus?"

Zeigt ein Kind Auffälligkeiten oder hat es Probleme, so beendet die pädagogische Fachkraft das Gespräch mit dem **Ausblick** auf einen weiteren, zeitnahen Termin. Seien Sie aufrichtig, indem Sie etwa sagen: „Ich denke, heute war es richtig und wichtig, dass wir uns die Zeit dafür genommen haben, uns mit Ihrer Situation als Mutter/Vater zu beschäftigen. Ich würde mich gerne bald einmal wieder mit Ihnen verabreden und das nächste Gespräch dann dazu nutzen, uns über Ihr Kind auszutauschen. Wir haben es – genau wie alle anderen neuen Kinder auch – natürlich während der ersten Wochen ein wenig beobachtet, um herauszufinden, wo und wie wir es in seiner Entwicklung unterstützen können."

Und wenn es angezeigt erscheint, wird die Fachkraft fortfahren: „Wenn Ihnen das Gespräch gutgetan hat und Sie der Meinung sind, ein geschützter Raum für Sie in dieser schwierigen Zeit könnte hilfreich sein, dann gebe ich Ihnen gerne eine Liste mit geeigneten Adressen. Aus eigener Erfahrung sowie aus Erfahrungen in meinem nächsten Umfeld weiß ich, wie gut manchmal nur sehr wenige Gespräche in einem geschützten Raum mit einer professionellen Begleitung tun, um den Kopf wieder frei zu bekommen – auch für die Bedürfnisse der Kinder."

In jedem Fall können pädagogische Fachkräfte auf geplante oder vorhandene Angebote für Trennungseltern und Alleinerziehende hinweisen, also auf Themen- und Elternabende, Vorträge, Diskussionen, auf Alleinerziehenden-Treffs oder ein Elterncafé in der Einrichtung. Auch wird die Fachkraft prüfen, ob ihr Gegenüber die Liste mit den Adressdaten der anderen Eltern aus der Gruppe erhalten hat.

10.4 Geeignetes Handwerkszeug für das Gespräch

Wesentliche Tools von Pädagogen und Pädagoginnen für erfolgreiche Elterngespräche sind unter anderem Beobachtungsgabe, Dokumentationstechniken, fundierte entwicklungspsychologische und didaktische Informationen, Empathie, Methoden der Gesprächsführung, um eine zielbewusste Struktur des Gesprächs zu schaffen. Zielbewusst bedeutet im Zusammenhang mit einer Elterntrennung immer auch, Ressourcen zu erkennen und den Trennungsprozess zu verstehen. Dafür möchte ich Ihnen im Folgenden zwei Modelle an die Hand geben: das Modell der fünf Säulen der Identität und das der Trennungsphasen. Sie werden feststellen, dass es sich dabei um zwei sehr praxisnahe Hilfsmittel handelt, um sich ein möglichst präzises Bild von den besonderen Bedürfnissen eines Trennungskindes machen zu können.

Das Modell der Säulen der Identität als Instrument

Das Modell der fünf Säulen der Identität (siehe Seite 19) eignet sich in Gesprächen mit Trennungseltern hervorragend zur Erfassung der familiären Ressourcen. Sie finden hier eine Liste, die Sie als Vorlage nutzen können, um die Ressourcen der betroffenen Eltern festzuhalten. Das könnte dann folgendermaßen aussehen:

Ressourcen sind individuelle Kraftquellen

Soziale Säule:	Oma, Opa, Nachbarn etc.
Leiblichkeit:	Eltern-Kind-Kur, regelmäßiger Lauftreff, Reiten etc.
Arbeit:	Ehrenamt, Kurse in der VHS, Hobbys etc.
Finanzen:	Eigenes Einkommen, Unterhalt, Kindergeld, Wohngeld etc.
Werte:	Kirchengemeinde, Tierschutz etc.

Pädagogische Fachkräfte können die Eltern über das Modell informieren und ihnen eine Kopie zur Reflexion mitgeben. Zugleich erhalten Fachkräfte wichtige Informationen, die sie in den Gesprächen mit Kindern nutzen können. Das kann zum Beispiel so aussehen, dass Sie einem Kind vorschlagen, es könne sich doch mit der Oma verabreden, wenn es ihm zuhause zu viel wird oder die Mama zum Reiten begleiten. Sie können über dieses Instrument den Blick des Kindes auf seine Möglichkeiten lenken.

Vorlage zur Erfassung familiärer Ressourcen

Ressourcen sind Kraftquellen, Quellen, aus denen wir Freude, Ablenkung, Erholung, Selbstbewusstsein schöpfen. Anders ausgedrückt: Ressourcen sind **alles, was uns guttut.**
Pädagogische Fachkräfte werden Eltern immer wieder ermutigen und darin bestärken, Ressourcen zu pflegen und zu suchen. Die Kinder werden die häusliche Veränderung umso besser verarbeiten, je mehr Kraftquellen zur Verfügung stehen.
Nutzen Sie die folgende Tabelle mit den fünf Säulen der Identität für Notizen über die vorhandenen familiären Ressourcen, die Sie im Elterngespräch erfahren werden.

Körper	Soziales Netz	Arbeit	Wirtschaftliche Situation	Werte

Das Phasenmodell der Elterntrennung als Instrument

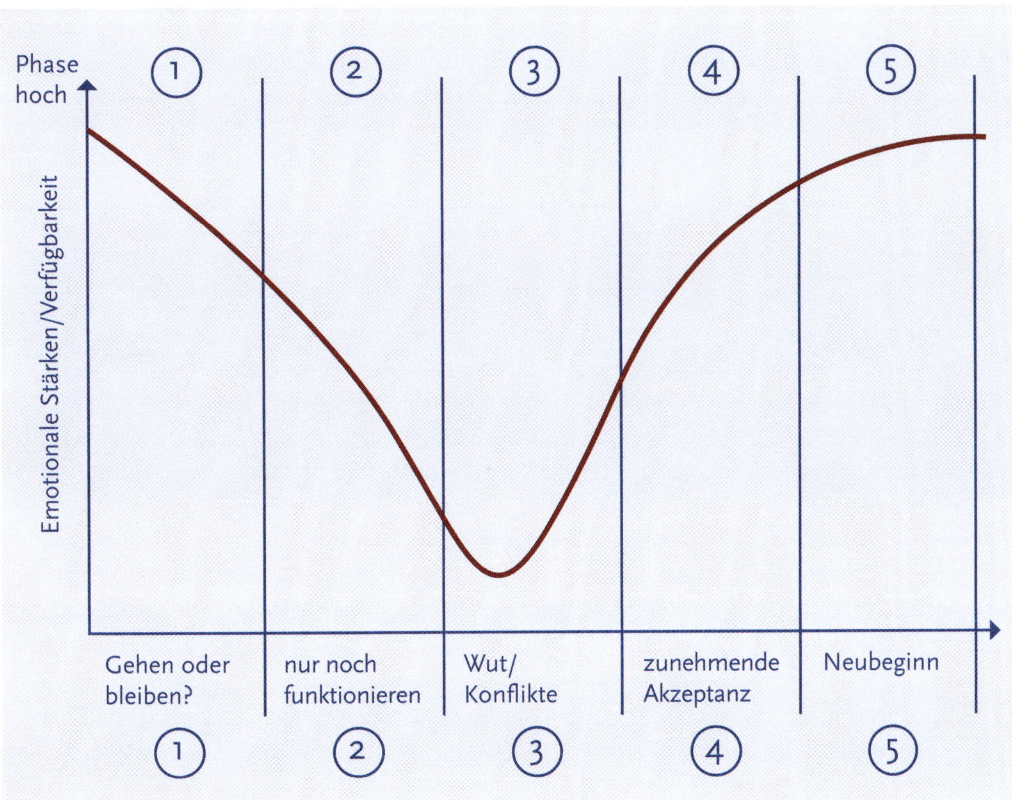

Jede Trennungskrise hat einen Anfang und ein Ende. Schon diese Botschaft löst häufig eine erste Hoffnung bei Betroffenen aus. Sie erleben diese Aussage als ein Licht am Ende des Tunnels.

Mit dem Modell der Trennungsphasen verfügen Fachkräfte über ein Instrument, mittels dessen sie den (familiären) Hintergrund eines Kindes besser verstehen können. Sie können damit das Verhalten des Kindes einordnen, pädagogisch bewerten und Handlungsstrategien abstimmen.

Die erste Phase – Vortrennungsphase

In der Vortrennungsphase schotten sich Eltern häufig ab. Die partnerschaftlichen Konflikte erscheinen zu privat, als dass man sie mit Außenstehenden besprechen würde. Gleichzeitig ist diese Phase von Schuldgefühlen und Ängsten begleitet, die Kinder könnten unter der häuslichen Situation leiden. Die Erwachsenen setzen sich in dieser Zeit mit der Entscheidung für oder gegen eine Trennung auseinander. Begleitet wird dieser Prozess von Zweifeln und Unsicherheiten. In dieser Phase glauben Eltern häufig, sie könnten ihre Konflikte vor den Kindern verbergen, doch das ist ein weitverbreiteter Trugschluss.

Während dieser Vortrennungsphase werden Kinder oft auffällig. Sie ziehen sich zurück, streiten oder fallen auf einen längst überwundenen Entwicklungsstand zurück. Insgesamt verhalten sie sich anders, als die Fachkräfte es von ihnen gewohnt sind.

Wenn es zur bewährten Routine gehört, Eltern nach einer Eingewöhnungszeit um ein Gespräch zu bitten, und die Einrichtung durch eine Infothek sowie Themen-Elternabende große Offenheit gegenüber dem Trennungsthema zeigt, senkt das die Hemmschwelle der Eltern zum Informationsaustausch mit den pädagogischen Fachkräften enorm.

Eine Mutter berichtet:

„Wenn ich daran denke, dann wird mir jetzt noch ganz komisch. Der Zeitpunkt, zu dem unser Jüngster in den Kindergarten kam, *hätte ungünstiger nicht sein können. Die Konflikte zwischen meinem Mann und mir wurden immer offensichtlicher. Wenn wir aufeinandertrafen, gefror die Stimmung.* Uns stand das Familienfest anlässlich des Kindergarteneintritts bevor. Bezeichnenderweise weiß ich gar nicht mehr, wie ich das überstanden habe. Im Kindergarten gab es ein Info-Brett für Alleinerziehende und Trennungseltern sowie eine kleine Auswahl an Büchern zum Thema. Ich habe mich nicht getraut, eines auszuleihen, aber das, was mir am interessantesten erschien, habe ich dann gekauft. Das war ein sehr wichtiger Schritt für mich, denn rückblickend habe ich meinen hilflosen Ängsten und dem diffusen Wunsch, die Kinder sollten durch unsere Auseinandersetzungen bitte keinen Schaden nehmen, Fakten und Informationen entgegensetzen können. Mir wurde klar, dass wir nicht die einzige Familie waren, der es so erging, und es war wohltuend zu erleben, wie entspannt die pädagogischen Fachkräfte im Kindergarten damit umgingen.“

In diesem Beispiel beschreibt die Mutter anschaulich, wie sich Offenheit und Unvoreingenommenheit der pädagogischen Fachkräfte auf betroffene Eltern auswirken. Wenn in einer solchen Atmosphäre zu einem Elterngespräch eingeladen wird, dann ist damit schon zu diesem frühen Zeitpunkt eine wichtige Voraussetzung für eine vertrauensvolle Erziehungspartnerschaft geschaffen. Allerdings ist es in dieser allerersten Phase sehr schwierig, Eltern zu erreichen und sie dazu zu bewegen oder zu ermutigen, ihre Partnerschaftskonflikte zu benennen.

Die Notwendigkeit dazu entsteht ja auch erst im Zusammenhang mit problematischem kindlichem Verhalten. Dann können die Fachkräfte durch eine gute Vorbereitung des Gesprächs und Dokumentation sowie eine empathische Ansprache eine **ermutigende Atmosphäre** schaffen. Das könnte dann so klingen: „Svenja erscheint uns in der letzten Zeit sehr verändert. Während sie bislang als eine beliebte Spielpartnerin häufig mit anderen Kindern in der Puppenecke anzutreffen war, sehen wir sie nunmehr oft allein in der Lese-Ecke oder abseits von Spielgruppen, die sie verträumt zu beobachten scheint. Wenn wir bei den Kindern solche Veränderungen beobachten, dann fragen wir immer danach, ob es im häuslichen Umfeld besondere Vorkommnisse oder Konflikte gibt." In der Regel sind Eltern dann zur Zusammenarbeit bereit. Manchmal brauchen sie auch ein bisschen Zeit, um diese Mitteilung sacken zu lassen, und nicht selten kommen sie dann zu einem späteren Zeitpunkt auf das Gesprächsangebot zurück, sodass ein Gesprächstermin vereinbart werden kann.

Die zweite Phase – Schockphase

In der zweiten Phase ist die Trennung für gewöhnlich ausgesprochen. Oft ist sie mit dem Umzug eines Elternteils verbunden. Typisch für diese sogenannte „Schockphase" sind Sätze wie: „Ich denke immer, dass ich irgendwann aufwache, und dann war das alles nur ein schrecklicher Albtraum." Im Rückblick äußern viele Trennungseltern: „Ich kann mich gar nicht mehr so genau erinnern. Ich glaube, ich habe einfach nur noch funktioniert." Eltern sind in dieser Phase zwangsläufig emotional für ihre Kinder wenig verfügbar. Sie ziehen sich zurück, besprechen ihre Probleme mit anderen Erwachsenen und schicken die Kinder hinaus oder sagen, dass das, was sie nun zu besprechen hätten, nicht für Kinderohren bestimmt sei. So sind die Kinder auf Vermutungen und Erklärungen entsprechend ihrer entwicklungsbedingten Möglichkeiten angewiesen. Daraus resultieren dann häufig fatale Missverständnisse (siehe Seite 11ff.; 52).

Diese Phase wird als **beinahe unwirklich** erlebt. Das Ungeheuerliche, nämlich das Zerplatzen des Lebenstraumes von der „heilen Familie", ist so übermächtig, dass es abgespalten und nur häppchenweise nach und nach als neue Realität wahrgenommen wird. Die Eltern sind in dieser Zeit erschöpft, sie versuchen häufig, das Leben allein mit dem Kind genauso fortzusetzen, wie sie es zuvor mit dem Partner zusammen organisiert haben. Das hinterlässt Spuren. Schlafstörungen, Panikattacken und Nervosität sind häufige Begleiterscheinungen.

Während dieser Phase „funktionieren" die meisten Eltern tatsächlich nur noch. Sie fühlen sich abgeschnitten von ihren Gefühlen, hängen ihren Gedanken, ihren Ängsten nach und sind dementsprechend für ihre Kinder **wenig ansprechbar.** Die Kommunikation mit ihren Kindern fällt vielen Eltern in dieser Zeit schwer, weil sie selbst noch keine innere Klarheit, keine sichere Position haben.

Während der Zuspitzung der Konflikte in der ersten Phase und in der zweiten Phase haben Eltern für ihre Kinder nicht die gewohnten Kapazitäten. Hier geht es daher im pädagogischen Alltag besonders darum, **Sicherheit und Zuverlässigkeit** zu bieten. Die besondere Situation der Eltern, die Unvermeidbarkeit ihrer geringeren Ansprechbarkeit zusammen mit der Unsicherheit darüber, was und wie sie mit ihren Kindern sprechen können, leistet kindlichen Schuldgefühlen Vorschub. Aus diesem Grunde ist es für die pädagogische Arbeit in der Einrichtung wichtig, kindliche Schuldgefühle zu erkennen und ihnen entschieden entgegenzuwirken (siehe Seite 52).

Die pädagogischen Fachkräfte können Eltern darüber informieren, wie wichtig es ist, mit ihren Kindern zu sprechen und dabei die Ebene der Erwachsenen und die der Kinder sorgfältig auseinanderzuhalten. So sollten **Erwachsenenthemen** – also all die Dinge, die die Intimität der zerbrochenen Partnerschaft berühren – bei Gesprächen mit Kindern tabu sein. Allerdings sind Eltern auch Modelle für den Umgang mit negativen, ungeliebten Gefühlen wie Ärger und Trauer. Wenn sie bei sich bleiben, ihre Gefühle als Ich-Botschaft (siehe Seite 34) formulieren, dann ist es für die Orientierung der Kinder sogar wichtig, dass Eltern darüber sprechen. Auch diese Information sollten Fachkräfte an die Eltern weitergeben.

Die dritte Phase – aufbrechende Gefühle

Erst mit der dritten Phase beginnt die Aufarbeitung, die **aktive Auseinandersetzung** der Erwachsenen mit ihrer Trennung. Jetzt brechen all die Gefühle, die damit einhergehen, zum Teil sehr heftig auf. Das können Trauer, Enttäuschung, Wut und Ärger sein. Gefühle, von denen die meisten Eltern zunächst denken, sie dürften sie vor ihren Kindern nicht zeigen.

Oft suchen Eltern in dieser Zeit Verständnis für ihre Situation, Verbündete und Trost bei Außenstehenden. Dies bekommen auch pädagogische Fachkräfte in Situationen zu spüren, in denen die Kinder gebracht oder abgeholt werden. Hier sind abfällige Bemerkungen über den anderen Elternteil, Klagen über eine starke Belastung, über Überforderung und der Vorwurf, im Stich gelassen worden zu sein, zu hören. Vordergründig erscheint es dann, als wollten Mütter oder Väter die Ex-Partnerinnen und -Partner schlechtmachen. Doch vielfach geht es darum gar nicht.

Wenn ich an meine Beratungsgespräche denke, dann steckt hinter diesen Aussagen häufig ein **schlechtes Gewissen,** weil die Eltern befürchten, es könne jemand den Eindruck haben, dass sie den Kindern aufgrund ihrer Erschöpfung, ihrer Krise, nicht gerecht werden. Während dieser Phase werden die unterschiedlichen Erziehungsstile und Einstellungen zwischen den Eltern sehr sensibel wahrgenommen. Das führt häufig zu Konflikten. Anlass sind oft die Ernährung, Schlafenszeiten, der Umgang mit Medien sowie die Sorgfalt in Fragen der Hygiene. Das erleben auch pädagogische Fachkräfte:

Erzieher Merlin berichtet:

„So langsam weiß ich mir keinen Rat mehr. Seitdem wir mit der Mutter von Antonia offen über die Trennung gesprochen haben, fängt sie mich regelmäßig morgens beim Bringen oder mittags beim Abholen ab, um sich über das Verhalten von Antonias Vater zu beklagen. Diese Klagen münden dann jedes Mal in die drängende Aufforderung, ich möge doch aus ‚pädagogischer Sicht' Stellung dazu nehmen. Mein Gefühl sagt mir jedoch, sie will, dass ich ihr Recht geben soll. Meistens gelingt es mir, mich da irgendwie herauszuwinden, indem ich sage, das könne ich so aus der Ferne nicht beantworten, dazu bräuchte ich detailliertere Informationen. Ich merke, dass ich schon zusammenzucke, wenn ich diese Frau nur von weitem sehe. Wenn's geht, verziehe ich mich dann, um ein weiteres Gespräch zu vermeiden. Ich will da nicht hineingezogen werden und womöglich zwischen die Fronten geraten. Außerdem tut mir Antonia leid, die dann danebensteht und sich sichtlich unwohl fühlt."

Dieses Beispiel zeigt anschaulich, was typisch für die dritte Phase ist. **Die heftigen Gefühle der Beteiligten brechen auf** und lassen sie sehr sensibel auf die Unterschiede im Umgang mit den gemeinsamen Kindern reagieren. Sie empfinden diese Unterschiede häufig als gezielte Sabotage ihrer eigenen Bemühungen und versuchen, ihre Position durch pädagogische Argumente zu erhärten.

Anstatt auszuweichen, wie es Merlin macht, können pädagogische Fachkräfte die Mutter um ein Gespräch bitten, in dem sie ihre Eindrücke sowie ihre **Bedenken mitteilen** (siehe Seite 93) und deutlich machen, wie belastend es für die Kinder ist, wenn sie solche Situationen miterleben. Sie können die Adresse einer Erziehungsberatungsstelle weitergeben und den Eltern versichern, dass sich dort Fachleute ihrer Fragen kompetent annehmen werden.

Eine solche, für die dritte Phase typische Situation, ist für die beteiligten Kinder insofern von großer Bedeutung, weil sie ein hohes Potenzial für **Loyalitätskonflikte** birgt. Die Kinder fühlen sich schlimmstenfalls für die Unachtsamkeiten von Vater oder Mutter verantwortlich und als „Petze", wenn der/die jeweils andere dies entdeckt. Und das, obwohl sie, wie in unserem Beispiel, die Leidtragenden sind. Während dieser Zeit können Schule und pädagogische Betreuungseinrichtungen eine enorme **Ressource** für Trennungskinder sein und entscheidend zu ihrer Stabilisierung beitragen.

Sprechen wir mit Eltern in der dritten Trennungsphase, so sind wir häufig mit der Aufforderung konfrontiert, uns **moralisch zu positionieren.** Hier hat sich der Satz bewährt: „Ich verstehe, dass Sie aufgebracht und besorgt sind, Frau/Herr … Doch werde ich weder für Sie als Mutter/Vater noch für die Mutter/den Vater Ihres Kindes Partei ergreifen, denn wir sind hier einzig und allein an der gesunden Entwicklung Ihres Kindes interessiert." So handeln Sie professionell, souverän und gleichzeitig bieten Sie sich als Partner bzw. Partnerin im Erziehungsprozess an. Sie lenken den Blick weg von der Befindlichkeit der Eltern hin zu den besonderen Bedürfnissen des Kindes.

Natürlich haben Fachkräfte als Privatpersonen Sympathien, Verständnis und eine moralische Haltung, mit der sie Konflikte bewerten, nur tut das in dieser professionellen Situation nichts zur Sache. Hier geht es einzig und allein um die Unterstützung und Begleitung eines Kindes, dessen häusliche Situation vorübergehend als verunsichernd erlebt wird.

Die vierte Phase – Konsolidierung und Neuorientierung

Kita-Leiterin Nadeshda erzählt:

„Nach längerer Zeit habe ich heute Annas Mutter wiedergesehen, als sie das Mädchen abholte. Ich hatte sie müde, abgekämpft, blass und wortkarg in Erinnerung. Das passte zu der Information, dass sie sich vor ein paar Monaten von Annas Vater getrennt hatte. Der Vater hatte sich offenbar neu orientiert. Heute hätte ich sie fast nicht erkannt. Sie hatte eine neue Frisur, war geschminkt, wirkte entspannt und gut gelaunt. Sie erzählte freimütig, sie habe einen neuen Job. Man habe sie aus vielen Bewerbern ausgewählt, und nun reduziere sich nicht nur die Anfahrtszeit, der Job sei auch interessanter und besser bezahlt als der alte. Ich freue mich mit ihr und vor allem für Anna, denn das Trübsal-Blasen scheint nun vorbei zu sein. Es war, als erlebte ich einen Aufbruch zu neuen Ufern."

Tatsächlich ist es so, dass interessierte Außenstehende die Veränderung in dieser Phase der Trennung beinahe anfassen können. Sei es, dass sich der Tonfall verändert, mit dem Betroffene ankündigen, dass das Kind am nächsten Tag, in der nächsten Woche vom anderen Elternteil abgeholt wird, oder dass äußerliche Veränderungen einen Einschnitt anzeigen.

Die Eltern sind allmählich wieder **zurück in ihrem eigenen Leben.** Sie haben sich weiterentwickelt und beginnen die Lücken in der Säule ihrer Partnerschaft neu zu füllen. Langsam verweisen sie ihre Kinder wieder auf deren Platz im Familiengefüge. Das gibt Kindern einerseits ein großes Maß an Sicherheit, andererseits müssen die Grenzen in der neuen Familienkonstellation häufig neu ausgelotet werden. Pädagogische Fachkräfte beobachten in dieser Zeit der Konsolidierung **Trotz- und Wutanfälle** aus der längst überwunden geglaubten Autonomiephase.

Auch die Beziehung zum anderen Elternteil wird dieser Prüfung unterzogen. Denn Grenzen stellen nicht nur eine Einschränkung dar, sie vermitteln Kindern auch die so wichtige Sicherheit. Und die müssen Kinder nach einer längeren Zeit der Verunsicherung und der Veränderung neu ausloten.

Eltern in der vierten Phase ihres Trennungsprozesses erleben wir häufig als Gesprächen gegenüber wesentlich aufgeschlossener als in den vorausgegangenen Phasen. Hier geht es häufig um Organisatorisches, wie die Entscheidung für ein Betreuungsmodell, sowie um Fragen, was sie ihren Kindern zutrauen können.

Die fünfte Phase – Neubeginn

Pädagogische Fachkräfte erkennen diese Phase häufig daran, dass die Kinder entspannter davon berichten, wie sie die Zeit mit dem jeweiligen Elternteil verbracht haben. Die Kinder kennen und akzeptieren Grenzen und Regeln beim jeweiligen Elternteil. Die Grenzkämpfe sind zum großen Teil überwunden bzw. auf dem Stand vor der Trennung. Manchmal führt die persönliche Weiterentwicklung der Erwachsenen aber auch zu dem Wunsch, die Grenzen insgesamt zu verschieben. Das ist im alltäglichen Miteinander noch einmal eine besondere Herausforderung.

Erzieherin Marie berichtet:

„Obwohl sich Jenny, sie ist jetzt fünf Jahre alt, und ihre Mutter ganz gut in ihren gemeinsamen neuen Alltag als Ein-Eltern-Familie eingefunden zu haben scheinen, beobachte ich besonders beim Abholen bis dahin nicht gekannte Auseinandersetzungen zwischen den beiden. Jenny versucht, ihre Mutter im Kommandoton dazu zu bewegen, ihr Dinge abzunehmen, die sie schon lange selbst tun kann. So wollte sie gestern partout eine Schleife gebunden haben. Es scheint, als würde sie richtige Machtkämpfe anzetteln. Ihre Mutter hat sich aber auch verändert, denn noch vor einem halben Jahr hat sie aus meiner Sicht kaum einmal Grenzen gesetzt."

Auch solche Szenen sind typisch für die fünfte Phase, besonders dann, wenn Eltern ihren Umgang mit den Kindern und ihre eigene Position reflektieren. Pädagogische Fachkräfte können Eltern hier moralisch unterstützen, indem sie den darin liegenden Vertrauensbeweis spiegeln, denn verunsicherte Kinder wagen diese Grenzkämpfe nicht. Sie haben Angst, sie könnten den Elternteil verlieren, so wie die Eltern einander verloren haben. Hier wird deutlich, dass Grenzen Kindern enorme **Sicherheit** geben. Denn nur starke Eltern und starke pädagogische Fachkräfte können Grenzkämpfe mit all ihren emotionalen Folgen aushalten. Und – so die kindliche Wahrnehmung: Wenn die Erwachsenen so stark sind, dann können sie das aufbegehrende Kind auch beschützen.

Manchmal gibt es in dieser Phase einen neuen Partner oder eine neue Partnerin, die plötzlich in den Erzählungen erwähnt wird, manchmal ein neues Halbgeschwister. In jedem Fall ist es zu diesem Zeitpunkt kein Geheimnis mehr, dass ein Elternteil alleinerziehend ist, dass es Absprachen aufgrund eines Betreuungsmodells bedarf oder dass ein Kind längere Zeit bei einem Elternteil wohnt, weil der/die andere anderweitig für einen bestimmten Zeitraum aus beruflichen, gesundheitlichen oder privaten Gründen nicht oder nur eingeschränkt verfügbar ist. Die Trennung ist akzeptiert und zur Normalität geworden.

Für pädagogische Fachkräfte ist es wichtig, sich die Vielfalt dessen, was heute unter „Familie" verstanden wird, bewusst zu machen und in Angeboten zu thematisieren. Auf diese Weise sind Kinder, deren Eltern ihre Krise überwunden haben, ein **positives Modell** für diejenigen, die noch am Anfang sind oder mittendrinstecken. Mit dem Neubeginn haben Eltern ihre neue Rolle als Alleinerziehende im Residenzmodell, im Wechselmodell oder im Nestmodell gefunden.

Das **Residenzmodell** beschreibt die hauptsächliche Betreuung durch einen Elternteil – meistens die Mutter. Der Vater hat an ausgewählten Wochenenden Kontakt zu den Kindern. Das **Wechselmodell** sieht eine paritätische Aufteilung der Betreuungszeiten durch beide Eltern vor. Doch ist das nicht zwingend. Auch bei einer Verteilung von höheren Betreuungsanteilen wie 60 Prozent zu 40 Prozent spricht man von einem Wechselmodell. Das **Nestmodell** ist das wohl am wenigsten praktizierte Betreuungsmodell, da es unter anderem sehr kostenintensiv ist und einer stabilen neuen Elternbeziehung bedarf. Hier wohnen die Kinder oftmals in ihrem gewohnten Zuhause und die Eltern leben zwecks Betreuung abwechselnd dort. Beide haben für die übrige Zeit getrennte Wohnungen.

Portfolio mit Hilfsangeboten

Vielleicht gibt es einen für Ihre Einrichtung zuständigen Dachverband, wie ihn freie Elterninitiativen haben, oder einen psychosozialen Arbeitskreis, an dem eine Vertreterin oder ein Vertreter Ihrer Einrichtung teilnimmt. Dort erhalten Sie Informationen über psychosoziale und/oder juristische Angebote speziell für Trennungseltern, manchmal auch für Trennungskinder wie „Kinder im Blick", ein von der Deutschen Liga für das Kind prämiertes Training speziell für Trennungskinder, das von psychosozialen Einrichtungen wie Erziehungsberatungsstellen regelmäßig angeboten wird.

Alle diese Einrichtungen, Praxen, Anwaltskanzleien, Schuldnerberatungsstellen, das Jugendamt mit ausgewiesenen Mitarbeitern und Mitarbeiterinnen, die zuständigen Stellen für die Beantragung von Prozesskostenbeihilfe oder Verfahrensbeiständen haben schriftliche Informationen mit ihren Telefonnummern, Webseiten und Angeboten, die sie sozialpädagogischen Einrichtungen für Kinder vom Krippen- bis zum Grundschulalter gerne zur Verfügung stellen. Aus diesen Informationen können Krippe, Kita, Schulkindbetreuung und Grundschule **Portfolios zusammenstellen,** die sie Trennungseltern aushändigen können. Ich bin immer wieder erstaunt, wie wenig betroffene Eltern über solche Angebote und Beratungsstellen wissen. Doch vieles, was für Mitarbeiterinnen und Mitarbeiter im sozialen Bereich allemal bekannt ist, ist für Menschen, die in ganz anderen Bereichen arbeiten, keineswegs selbstverständlich.

Deshalb: Denken Sie an einen Stift, mit dem Sie gegen Ende des Elterngesprächs die Informationen im Portfolio markieren, die Ihnen für Ihr jeweiliges Gegenüber besonders wichtig erscheinen.

Vorlage für die zeitliche Einschätzung der Trennungsphase

Die folgende Vorlage erlaubt eine Einschätzung der Position der Familie im Trennungsprozess. Dies ist auch insofern bedeutsam, weil pädagogische Fachkräfte die Heftigkeit der Konflikte zwischen den Eltern zuordnen können. Wurde die Trennung zum Beispiel erst vor knapp einem halben Jahr vollzogen, so können abwertende, vorwurfsvolle oder wütende Kommentare über den anderen Partner anders bewertet werden, als ohne diese zeitliche Dimension.

In der vorbereiteten Tabelle können Sie während des Gesprächs die zutreffenden Punkte ankreuzen, die Ihnen dabei helfen, die pathologische Zerstrittenheit eines Elternteils von prozessbedingtem, vermutlich vorübergehendem Ärger zu unterscheiden, und Ihre Intervention darauf abstimmen. Das phasentypische psychische Geschehen beim Kind wiederum kann zur Erklärung seines mitunter auffälligen Verhaltens herangezogen werden.

Phase	**1**	**2**	**3**	**4**	**5**
Emotionale Stabilität der Eltern	schwankend	gering	gering	steigt	gefestigt
Psychisches Geschehen	Innere Konflikte	Schock	Konflikte/ Wut	Zunehmende Akzeptanz	Neubeginn
Psychisches Geschehen beim Erwachsenen	Frage: Bleiben oder gehen?	Nur noch funktionieren	Schwierige Eltern-Kooperation	Abnehmende Konflikte	Neuer Alltag ist etabliert
Psychisches Geschehen beim Kind	Glaubt, die Ursache für die angespannte Atmosphäre zu sein	Schuldgefühle	Loyalitätskonflikte	Realistischere Sicht auf die Situation	

Schlusswort

Mit diesem Buch habe ich Ihnen ein praxisnahes Instrumentarium an die Hand gegeben, mit dem Sie Trennungskindern wichtige und wirksame Hilfestellungen bieten können. Wenn Sie diese Informationen vor dem Hintergrund Ihres entwicklungspsychologischen Wissens sensibel nutzen, bieten Sie Trennungskindern in einer vorübergehenden häuslichen Krise Stabilität, Sicherheit und Orientierung.

Machen Sie sich die enorme Bedeutung Ihrer professionellen Unterstützung für die gesunde kindliche Entwicklung immer wieder bewusst, auch wenn dies im pädagogischen Alltag manchmal unterzugehen droht. Diese große Verantwortung verlangt eine ausgewogene Balance zwischen entschlossenem Vorgehen und respektvoller Zurückhaltung.

Kaum eine Situation ist mehr als Schnittstelle am Rande der Intimität, der Privatheit betroffener Familien angesiedelt, und nicht alle Trennungen stellen per se eine Gefahr für die gesunde kindliche Entwicklung dar. Natürlich gibt es auch Familien, denen die erfolgreiche Integration dieser Veränderung gelingt und alle Beteiligten in ihrer Persönlichkeitsentwicklung stärkt. Versetzen Sie sich daher immer wieder in die Lage der betroffenen Eltern. Achten Sie darauf, dass Sie weder deren noch Ihre eigenen Grenzen überschreiten. Stimmen Sie Ihre Beobachtungen und Ihr pädagogisches Handeln untereinander im Team ab und führen Sie Gespräche so, dass Sie weder sich noch die Eltern überfordern.

Und bitte vergessen Sie nie: Das Wohl des Kindes ist es, das Ihr Handeln bestimmt. Bei Fragen oder Anregungen nehmen Sie gerne Kontakt mit mir über meinen Blog www.trennungskinder.blog auf. Ich antworte immer.

Ihre Ute Steffens

Literatur

Aichhorn, A. (1951): Verwahrloste Jugend. Bern: Hans Huber.
Aichhorn, A. (1970): Psychoanalyse und Erziehung. München und Basel: Ernst Reinhardt.
Ayres, J.A. (2016): Bausteine der kindlichen Entwicklung. Berlin: Springer.
Baake, D. (1995): Die 6- bis 12-Jährigen. Weinheim: Beltz.
Bernfeld, S. (1981): Sisyphos oder die Grenzen der Erziehung. Frankfurt a.M.: Suhrkamp.
Bettelheim, B. (1980): Erziehung zum Überleben. Stuttgart: Klett-Cotta.
Dornes, M. (2000): Die emotionale Welt des Kindes. Frankfurt a.M.: Fischer.
Erikson, E.H.(1965): Kindheit und Gesellschaft. Stuttgart: Klett-Cotta.
Erikson, E.H. (1966): Identität und Lebenszyklus. Frankfurt a.M.: Suhrkamp.
Fthenakis, W.E. & Mingsel, B. (Hrsg.) (2000): Die Rolle des Vaters in der Familie. Stuttgart, Berlin, Köln: Kohlhammer.
Freud, A. (1968): Wege und Irrwege in der Kinderentwicklung. Stuttgart: Klett-Cotta.
Freud, S.(1977): Abriss der Psychoanalyse. Frankfurt a.M.: Fischer.
Freud, S. (1983): Vorlesungen zur Einführung in die Psychoanalyse. Frankfurt a.M.: Fischer.
Freud, A. & Burlingham, D.T. (1982): Heimatlose Kinder. Frankfurt a.M.: Suhrkamp.
Gordon, T. (1989): Familienkonferenz. München: Heyne.
Grossmann, K. (2020): Bindung und menschliche Entwicklung. John Bowlby & Mary Ainsworth und die Grundlagen der Bindungstheorie. Stuttgart: Klett-Cotta.
Havighurst, R. (1972): Developmental Tasks and Education. New York/London: Longman.
Harris, T A. (1976): Ich bin o.k. Du bist o.k. Hamburg: Rowohlt.
Hurrelmann, K. (2006): Einführung in die Sozialisationstheorie. Weinheim: Beltz.
Juul, J. (2019): Dein kompetentes Kind. Hamburg: Rowohlt.
Kast, V. (2000): Sich einlassen und loslassen: Neue Lebensmöglichkeiten bei Trauer und Begleitung. Freiburg: Herder.
Klein, M. (1932): Die Psychoanalyse des Kindes. Wien: Internationaler psychoanalytischer Verlag.
Mahler, M. (1972): Symbiose und Individuation. Stuttgart: Klett-Cotta.
Mahler, M. (1978): Die psychische Geburt des Menschen. Frankfurt a.M.: Fischer.
Miller, A. (1979): Das Drama des begabten Kindes. Frankfurt a.M.: Suhrkamp.
Müller, E. & Friedrichs, J. (2015): Paris statt Hartz 4. Einsfestival / Youtube.
Perls, F. (1969): Gestalt-Therapie in Aktion. Stuttgart: Klett-Cotta.
Petzold, H. (2012): Identität. Wiesbaden: Verlag für Sozialwissenschaften.
Piaget, J. (1999): Theorien und Methoden der modernen Erziehung. Frankfurt a.M.: Fischer
Rahm, D. et al. (1993): Einführung in die integrative Therapie. Paderborn: Junfermann.
Redl, F. (1978): Erziehung schwieriger Kinder. München: Piper.
Richter, H.E. (1969): Eltern, Kind, Neurose. Hamburg: Rowohlt.
Richter, H.E. (2012): Patient Familie. Gießen: Psychosozial.
Rosenberg, M.B. (2001): Gewaltfreie Kommunikation. Paderborn: Junfermann.

Shell-Jugendstudie, 18. (2019): Online unter: www.shell.de/about-us/initiatives/shell-youthstudy/_jcr_content/root/main/containersection-0/simple/simple/call_to_action/links/item0.stream/1642665739154/4a002dff58a7a9540cb9e83ee0a37a0ed8a0fd55/shell-youth-study-summary-2019-de.pdf.

Schulz von Thun, F. (2010): Miteinander reden: 1 bis 4. Reinbek bei Hamburg: Rowohlt.

Spitz, R.A. (1969): Vom Säugling zum Kleinkind. Stuttgart: Klett-Cotta.

Steffens, U. (2022a): Mit Kindern durch die Trennung. Limbach-Oberfrohna: Edition Claus.

Steffens, U. (2022b): Der Langeweile-Ingo. Online unter: www.trennungskinder.blog.

Winnicott, D. W. (2002): Reifungsprozesse und fördernde Umwelt. Gießen: Psychosozial.

Ziehe, T. (1984): Pubertät und Narzissmus. Hamburg: Europäische Verlagsanstalt.

Zimmer, R. (1997): Sinneswerkstatt. Freiburg im Breisgau: Herder.

Zimmer, R. (2011): Vom Greifen zum Begreifen. Freiburg im Breisgau: Herder.

Zimmer, R. (2012): Handbuch der Sinneswahrnehmung. Freiburg im Breisgau: Herder.

Zimmer, R. (2021): Bewegung erleben in der Krippe: 0–3 Jahre. Freiburg im Breisgau: Herder.